奇跡が起きた

ハートいっぱい
いっぱいのセラピー
宇宙のおともだちからのプレゼント

シャーマニック・セラピスト
やわやままこと

現代書林

もくじ

アンティパスト（まえがき）——私の生い立ち …… 6
プロローグ …… 8
未来からの贈り物 8
ハートいっぱいいっぱいのセラピーと出会う兆し 11
現代科学で立証できない世界 14
【コラム】情報提供者「宇宙存在マーくん」のこと 18
波動の世界へ 19
現界と霊界 20
自分の魂を意識しましょう 23
私たちの魂とは…… 24
お告げを聞く 26
アカシックレコードを使ってカンニング 28
【コラム】『ひふみ神示』とは 36
ハートってなあに？ 38

光の遠隔エネルギー……39

病気の原因は三つ――現代医療以外にも解決法がある　39
病気はバイブレーションの乱れ――健康と病気　43
病気になる前の健康状態とは……地球という星の生命活動　45
自然療法とは……　47
五感の外側にも存在しているものがある　50
光の遠隔エネルギーの仕組み　53
光の遠隔エネルギーを使いはじめたきっかけ　57
闘病から愛病へ　58
「洗心」とは……　61
精神疾患の五大原因は　65
精神的疾患はオーラを修復すると消滅します　68
光の聖水「カムイワッカ」　70
光の遠隔エネルギーの手法　77
インフルエンザ・ウィルスに感染しない方法は？　81
光とは何でしょう？　86
病室でスーパーダイレクト・セラピー
――One day in my Life「ややまのヒーリング日記」より　104

クォーツ・クリスタル・ボウル……109

疾患を整える響――クォーツ・クリスタル・ボウルとの出会い　109

クリスタル・ボウルの作用とは…… 112
クォーツ・クリスタル・ボウルの発するバイブレーションの有効性 115
調和と輝き 116
CDの特性 117
CDの活用例 118

マーくんからのメッセージ …… 138
マーくんからのメッセージはじまる 138
マーくんの存在 149
「顕在意識・潜在意識・深層意識」……とは？ 167

シャーマニック・セラピー …… 179
シャーマニック・セラピーとは…… 179
ご仏壇とご先祖様の霊 187
アセンション指数を高める「光の遠隔、昇霊エネルギー」 188

エピローグ …… 191

デザート（あとがき） …… 205

アンティパスト（まえがき）――私の生い立ち

私が小学一～二年生のときの夏休みは、毎朝五時に起きて小学校でのラジオ体操に行く前に、虫採りカゴと長い柄のアミをもって近くの神社の境内や裏山に出かけ、カブト虫やクワガタ、そしてセミ採りをしていました。早朝は虫たちが土の中からはい出てきて木登りをはじめる時間帯なので、低い位置にカブト虫たちがいるのです。友だちの、夏休みの自由課題のお手伝いも兼ねての虫採りでした。

三年生になるころは模型作りに熱中するようになり、いまならコンビニにあたる駄菓子屋でプラモデルを買ってきて組み立てていました。しかし、プラモデルは半ば完成品なのでものたりず、四年生になったころからは自分で作りたい模型の設計図を描いて材料を買いそろえ、木材加工や金属加工をして作品を完成させるようになりました。自転車で三〇分程のところに大きな模型店があって、そこに出掛けるのがとても楽しみでした。自分の勉強机でラッカーシンナーなどを溶いて塗り作業をしていると、母親にたびたび叱られました。「シンナー中毒になりますよ！」と。私の部屋から強烈なシンナーの臭いがしていたからでしょう。

高校二年になって、地方から転入してきた友だちとテニスクラブに入会しました。

それから卒業までは、放課後も週末も春休みも、時間さえあればテニス三昧で過ごしました。こんな楽しいスポーツが、この世の中によくぞあったものだと感じていたのです。その延長で大学の四年間もテニスに明け暮れていました。私は、するのも見るのもスポーツが大好きで、指導する立場になってからは身体の動きの運動生理学や整体やメンタル強化など、関係するものは見えない世界にいたるまで追求しました。そして魂の分野であるスピリチュアルと身体の関係や、それらが競技の勝敗に関わる要因、また勝利の女神を引き寄せる運勢的なものまで研究をはじめ、その延長線上に現在のセラピーへと進んできた経緯があります。

振り返れば、何かに導かれるように敷かれた道筋を辿っていくうち、現在にいたっていました。そのときそのとき熱中できる対象が目の前にあり、それにのめり込み、時間が足りないくらい寸暇を惜しんで没頭しました。唯一遠ざかっていたのが学業です。学校の先生に「君はやればできるのになあ！」と何時もいわれていました。でも学校の勉強はそのころから必要と感じていませんでした。教科書に書いてあることからは価値を見出せなかったのです。

天才バカボンのパパの「これでいいのだ！」は格言ですね。

やわやままこと

プロローグ

未来からの贈り物

未来とは何でしょうか？　現在とは？　過去とは？

私がはじめて出版させていただいた本のタイトルは『直感力を鍛える！』（オーエス出版刊）でした。それまでスポーツの仕事をしていた私は、スポーツも運や読心術や直感力など、目には見えないもので支配されていることに興味をもち、研究をはじめていました。そして直感力について研究しているうち、行き着いたところは〝閃き〟です。ではその〝閃き〟を得るにはどうしたらよいのでしょう。どんな手法があるのでしょう？

エジソンの発明やモーツァルトの名曲がどのようにして生まれるのかを追究してい

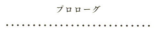

太陽（左）にも人と同じようにアストラル体やエーテル体（右の２つ）があります。

くと、アカシックレコードと呼ばれる宇宙空間に存在する、宇宙図書館のようなデータバンクから記録を引き出していることがわかりました。つまり、私たち人類が発見や発明をするアイディアは、元々宇宙に存在していて、その情報をいかに入手して地上に下ろすかがポイントになっているのです。

この情報を入手する方法が〝チャネリング〟です。日本では〝ご神示〟とか〝お筆〟と呼ばれています。

この〝チャネリング〟ですが、私の場合は自分から積極的にアカシックレコードに取りに行ったわけではなく、天から降りてくるのです。向こうから私への指令のように。

こうした宇宙からの情報は、宇宙に存在していたとしても、現在の地上社会にはまだ存在していないで、いつか未来になってからもたらされれば、それは未来ものということになります。いま地上に下ろされ、それが現代社会に普及されれば、〝あたりまえのもの〟になるというわけです。ここにご紹介する「ハートいっぱいいっぱいのセラピー」はどうやら、そうした宇宙存在からの贈り物のようです。それにしても、なんでまあこの私に、だったのでしょうか？

ハートいっぱいいっぱいのセラピーと出会う兆し

一九九〇年前後、スポーツの指導で競技力を高める仕事をする中で勘や直感、気合、精神力、間、などを指導するための手法を研究しはじめました。

ある日、書店の心理学書コーナーを見ているとき『念波』（加速学園出版部刊）という奇妙なタイトルの本が目にとまり、パラパラと中を見ていくとテレパシーのことが書かれていました。著者の関英男先生は工学博士で電波のご研究が専門です。しかしこの本は、電波についてではなく〝念波天文学〟がテーマでした。この本によると〝念波〟とは、人が思う〝想念〟のことだそうです。

何か参考になりそうな気がして購入し、家へもち帰ると一気に読みました。著者の関先生が毎週水曜日にご自宅の教室で講義をされていると、巻末に紹介されていたので、さっそく申し込み、翌週から講義に参加しました。二階が教室になっていて、一二畳ほどのスペースに受講者は数人、講義は午後の二～三時間。教室の名前は「加速学園」といいます。その内容は、科学なのか哲学なのか天文学なのか、はたまた神道学なのか、多岐に渡るさまざまな事例が出てきてとても興味深く、また、次々と繰り広げられる、現代の常識とはまったく異なった内容のお話しに、私はどんどん引き込まれていきました。

加速学園の講義は、二年間一〇〇回が一クールです。私は二年間、皆勤賞といっていいくらい、毎週通いつめました。

たとえば、こんなお話もうかがい、目から鱗が落ちました。

太陽の表面温度は摂氏六千度と学校で習ったかもしれません。しかし実際には、毎日の平均温度は二四～二五度だそうです。太陽にはとても霊格の高い人びとが住んでいて、雨は夜中にしか降りません……と。またある日は、金星人からいまの地球人に対する忠告のようなメッセージが録音されたテープを聞かせてくださったり、インドのマハリシのTM瞑想法で、都市の犯罪発生率が低減されるお話しをされたり、あるときはサイババが壺から聖なる灰ビブーティを撒く映像を上映されたり。

荒唐無稽といえば荒唐無稽。でも、関先生のお話しは心の奥に響き、なぜか信憑性があるように感じられ、そんなことが当たり前に論じられる時代が近い将来必ずやってくる気がしてなりませんでした。

先生はそのテーマを「高次元科学」と名づけていらっしゃいました。現代の科学より遙かに高い次元や現象を、周波数の数値で表現されています。

太陽と地球の関係

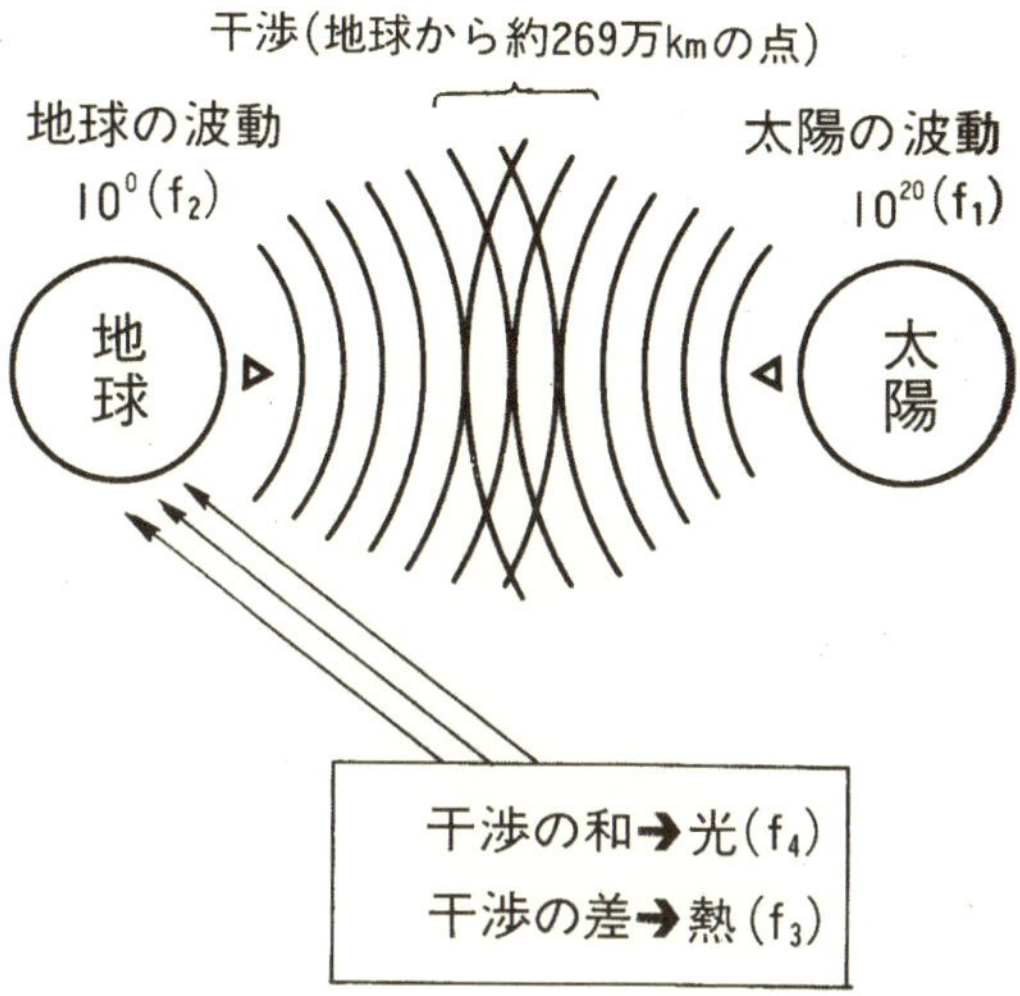

太陽が、じっさいに高温で燃えている天体だとすると、水星などは、すでに溶けてなくなってしまっているはず。宇宙波動の干渉作用が光と熱を生み出しているとみられる。この見方は地球外生命の存在の根拠にもなる。

(出典:関英男『高次元科学 2』中央アート出版社)

「人の脳波がもっと高くなれば、人の心がもっと清らかになれば、世界も地球も人類も、もっともっと進化できます」

「いまの地球より何千年も進化している星がたくさんあります。地球はまだまだ発展途上の星なんです」

関先生のお話しは、未来に向かって無限に広がってキラキラしていました。

現代科学で立証できない世界

科学とは理論、方程式、統計、実験データなどで立証するものです。しかし、その外側には立証できないものが多々あります。いまの社会では、科学で立証できないものは、まやかしであるとか、根拠のない似非物と批判し、偽物のレッテルを貼ってしまいます。

ところが、最近はUFOの存在を隠しきれなくなり、アメリカ航空宇宙局（NASA）では、地球以外の星にも生命体が存在する可能性を認めるようになり、さらには五次元の世界を立証する研究をはじめています。

すでに、アメリカのジョージ・アダムスキー氏やスイスのビリー・マイヤー氏が、異星人とコンタクトをしたり、宇宙存在の高度な文明や科学技術について教えを受けたりしていました。ほかにも植物とコミュニケーションをとったり植物を通じて宇宙の情報を調査している方々も、たくさんいらっしゃいます。

しかしそれらは、国家や科学界が認めない限り、闇に隠されたままなのです。

私が見えない世界をもっとも確信したのは、実際にUFOを目撃したり撮影できたことです。見えてしまったり写真に撮れてしまったのですから、信じざるをえません。そのときからUFO（unidentified flying object）未確認飛行物体は、un がとれて identified となり、確認済みの宇宙船になったのです。

渡辺大起さんは著書『オイカイワタチ』（オイカイワタチ出版会刊）のなかで、ご自分の宇宙船体験を語り、その宇宙船を「クリスタル・ベル」と呼んでいました。クリスタル（水晶）が発信するパワーを用いて瞬間移動したり反重力運動の飛行をする物体なのでクリスタル・ベルと。

私も正しくクリスタル・ベルを撮影させていただき、写真集『方舟《はこぶね》』（地湧社刊）でご紹介しました。また彼らは私たちに大切なメッセージをくださいます。人々がどのように生きたらよいか？　何が大切か？　何が問題か？　これからの地球や宇宙はどうなるのか？　などなど。

いま私が行っているセラピーも、彼らが教えてくださいました。「すべてを用意するから真摯に受け止めて実行しなさい」と。すると間もなくクォーツ・クリスタル・ボウルが用意され、それを用いてダイレクトなセラピーを施したり、短期間に一六種のCDをレコーディングして販売をさせていただくようになりました。販路も能力開発の会社をご紹介いただき、とてもスピーディーに進みました。

また光の遠隔セラピーも、宇宙から私に向けて、光のポールや光のシャワーを浴びせられ、周波数の違いや使い分けを指導されて現在に至っています。

「光の遠隔セラピー」もこれまでまったく行ったことがないのに、クライアントさんからご依頼があり、手法も訳もわからないまま、手さぐり状態でスタートしました。ところが、思いもよらないご好評をいただき、気付けば全国各地からさまざまなケースのご相談を受けはじめていました。

自然現象の雲と思えばいつまでも雲なのです。

情報提供者「宇宙存在マーくん」のこと

やわやまにさまざまな新しいメッセージをくださるマーくん。はじめはだれだかわからず、ただ送られてくるメッセージを聴いていました。あるとき、都内でグミのような宇宙船や虹色の発光体を撮影させていただいたとき、思わず「あなたはだれですか?」と聴いてしまいました。すると「名前はとくにありません。私を呼びたいのであれば、あなたが私の名前を付けてください」と。そこで思いつくままに「マーくん」と呼ぶことにしたのです。

しかしこのマーくん。過去を追っていくとなかなか思い当たる節があります。そもそもスポーツの仕事をしていたときに、見えない世界、セラピーの世界、スピリチュアルの世界へ導かれたこと。ジョージ・アダムスキーやオスカー・マゴッチ、ビリー・マイヤーの写真集、渡辺大起氏の『オイカイワタチ』、そしてそれら宇宙ものの原点は小学校一年のときにジョン・スチーラーの『ジップジップと空とぶ円ばん』（のちに偕成社より『ジップと空とぶ円盤』として発行）という本を一年間借りつづけたことです。もうすでにこのときから運命の糸はつながっていたようです。

宇宙存在マーくんは、いつも私とともにいます。もちろん、この本でもたびたび登場しますので、どうぞよろしく。

波動の世界へ

念波の関英男先生はさまざまなお話をしてくださいます。先生がメキシコのチャパラ湖を旅したときのお話です。

夜、宿泊先の家から湖を眺めていると、上空から対岸の家めがけてなにやら光がピカピカと降りてきていたそうです。宿泊中の家のご主人に聞くと、「あの家は金星人が住んでいるんです」と答えたそうです。そこで先生が、翌日見に行くと、その家はすべてが不思議な楕円形でできています。ドアも窓も、天井も。これを土産話に講演したところ、建築家で波動を研究されていた方がとても興味を示し、翌年、二人でチャパラ湖まで見学へ行ったそうです。その奇妙な楕円の家を写真に撮り、そのデザインをモチーフに建築したのが、神奈川県逗子にあるｙｏｙｏです。

この波動研究家の先生は、そのころから波動や宇宙やエネルギーのこと、さらに宇宙語も研究されていて、私はとても興味が湧き、ご縁があったのをきっかけに、講演会のお手伝いをさせていただきました。

魂のお話や健康と病気、地球の宇宙での役目など、この先生のお話も現実とはかなりかけ離れた内容でした。面白いのは講演のはじめに、「みなさん寝ていてもいいですよ」、「寝ている方が潜在意識に入ってしっかり学習できます」とおっしゃったことです。

それから、その先生がたの守護霊さんも私の守護に付いてくださいました。

この睡眠学習が「光の遠隔エネルギー」や「クリスタル・ボウル」の波動レコーディングにつながっていきました。

現界と霊界

私たちの住む文明国では、霊界のことをあまり説明していません。人は、死んでしまえば居なくなる、と理解させています。葬儀が済み肉体を火葬や埋葬してしまえば、

神奈川県逗子のｙｏｙｏ。

その人は存在しなくなったと理解させられます。しかし霊は残るのです。

生きている人のスピリットは魂と呼ばれ、死んだ人のスピリットは霊と呼びます。

肉体に宿っているときと離れているときの呼び方が違うだけで本質は同じです。

肉体を離れた魂は、霊と呼ばれるようになって霊界に存在しています。そして、霊界のなかで他の多くの霊とのお付き合いや、現界で生きている人とも関わって活動しています。

生きて現界で生活している人をサポートしてくれる霊を、守護霊さんと呼んでいます。反対に人の邪魔をしたり迷惑を掛ける霊を、邪霊、憑依霊、悪霊と呼んでいます。

人も善人と呼ばれたり悪人と呼ばれることがありますが、それと同じです。

現界人と霊界人とは、とくに血統でつながりのあるご先祖さまとの関わりが多々あります。

また、現界人には、霊界人になれず、現界に留まったまま漂っている浮遊霊が関わることもあります。そのような場合、おおむね良くない霊が人生に悪影響をおよぼすことがありますので、その場合は浄霊が必要です。

最近は、地球がアセンションしようとしていることもあり、環境が著しく変化しています。自然界では津波、洪水、竜巻、地震、火山の噴火、異常気象など。社会の中では原発の事故、工場の爆発、凶悪な殺人犯罪、テロなどです。

こうした現象の増加は、アセンション波動の高まりによる二極分裂を原因とするものです。

この変遷期を無難に過ごすためには、善霊さんたちに味方に付いていただくことが最善です。まずご先祖さまに守護霊さんとしてサポートをしていただくこと。また自分自身のトラウマなどを解消して清らかで強い魂を磨き上げてご先祖さま以外の善霊さんたちにも守護していただくことです。「洗心」が大切です。

アセンション作業は現界人と霊界人、そして宇宙の彼方からやってきている異星人さんたちとの共同作業が必要です。自分自身、霊界、宇宙界を意識してアセンションに臨みましょう。

自分の魂を意識しましょう

自分とは……。ほとんどの方が、いまの肉体が自分だ、と思っていることでしょう。

しかし輪廻転生を知り感じているみなさんは、そろそろ「自分とは……」自分の〝魂〟が自分なのだと理解しはじめましょう。もちろん、肉体もいまの自分ではありますが、死んでしまえば〝魂〟は肉体を離れ、幽界や霊界へ上昇します。

それまで長年使っていた肉体は使えなくなります。

霊界で何年か過ごすと〝魂〟は、また次の人生を体験するために胎児の中に入って産道を通ってこの世に現れます。これを何回も何回も経験しています。しかし、今度のアセンション後はいくぶん違うようです。地球人ではなく宇宙人に生まれ変わる方々が多数いるようです。そして千歳も四千歳も生きる身体を授かるようです。

いずれにせよ〝魂〟が自分であることを認識しながら楽しみながらアセンションを迎えましょう。

私たちの魂とは……

私たちの魂はこの大宇宙の創造主が魂の塊を作られ、その塊が分裂して無数の魂となり宇宙空間へ放出されました。スジコがイクラちゃんになるイメージをしてください。宇宙空間も銀河もブラックホールもすべて創造主の創作です。

そしてその魂たちは宇宙空間を長旅してそれぞれの銀河のある星へたどり着き、その星の環境に適合しながら生物や人間へと変化しました。

人間になった魂たちは群れを作り、社会を作り、文明や科学を発達させて進化し、争いをはじめて種族の分裂や破壊をし、ついには安住しているその星そのものも崩壊させてきました。

いま、この地球という星で生息している私たちも、以前はよその星から渡り鳥のように飛来し定住をはじめました。

そしてこの星での身体の寿命を終えて霊の世界で休息し、また生命を授かっては人生を体験し、その都度体験を魂にインプットして転生しています。

そして霊格を上下させては次のアセンショングレードのレベルや移行先の銀河を選んでいます。

お告げを聞く

「あなたが、いま興味がある方向へ進みなさい。私たちがすべてをセッティングしますから、大丈夫です。心配しないで進みなさい」

山梨の山間部へドライブに行った一九九四年のある日、上空を飛行する旅客機がピカッ！　と光りそんなメッセージが声ともなしに聞こえてきました。

旅客機の形には見えていましたが、それは旅客機ではなく疑似形態化した宇宙船だったようです。

当時私はスポーツの仕事をしており、丁度『念波』の関英男先生の講義に夢中になっていたころです。「この念波の方向へ、見えない世界へ、社会からは常識外の方向へ進みなさい」という声が聞こえてきたのです。そのときは「まさかそんなあ」と受け止めていました。関先生の講義内容を周りの人に話すと、相手にされないか否定されるか先行きを心配されるか、そんな時代でした。

「その方向へ進め」といわれて、どこのだれかもわからずに、ハイわかりましたとはいえません。しかしたびたびそのようなメッセージが降りてくるのです。いまの仕事をやめて、まったく新しい世界へ飛び込めるかを問われたのです。

プレアデスからのサイン。

あるときは道を歩いていると正面からいきなりジェット機が私目掛けて飛んできて、レインボーカラーの噴煙をまき散らしながら飛び去っていきました。「これが目に入らぬか」「あなたたちのいまの社会、文明、科学以上のものがあるのですよ」といわんばかりに。これを見てしまったからには、「ハハア恐れいりました」と受け取って従うしかありません。現実的にはまったく無理なお告げです。しかし不思議とそのお告げの方向にことが進んでいくのです。演劇の台本に書かれた筋書きのように着々と進んでいくのです。

思えばこれが、〝宇宙存在マーくん〟の印籠でした。

アカシックレコードを使ってカンニング

一九九七年一月。米国セドナから一人の女性チャネラーが私のセラピールームへやってきました。スピリチュアルのパーティー会場として提供したときのことです。そのチャネラーは参加者一人ひとりに、それぞれ悩みごとや将来の問題についてのアドバイスを伝えていました。過去世、現在のパートナーとの関わりの理由、将来の仕事など。私はパーティーのホスト役だったので食事などのセッティングに追われていました。十数人の参加者たちのチャネリングが終わったかと思ったとき、部屋の隅にいた私の前にチャネラーさんがきて、天井を見上げながら何かを唱えはじめました。そして両手を私の頭の上にかざし、次に胸元へその手を下ろして、「この鍵を受け取りなさい」と私へ差し出しました。でも、その手の上には何もないのです。私は訳がわからずにいると「この鍵を受け取ってください。そしてこの鍵をあなたの胸の中へしまいなさい」と告げられました。私はチャネラーさんに従って、彼女の掌に乗っているであろうと思われる見えない鍵を両手で受け取る仕種をして、自分の胸の中へ仕舞い込むようにしました。

するとといまあなたに渡した鍵は、アカシックレコードの扉の鍵です。何かわからないことがあったとき、その鍵を使って知識の情報庫から知恵をいただきなさい」と説明を受けました。私は何が何だかわからないけれど、〝ぶっ飛ぶ!〟〝飛んでしまう!〟と感じ、正しく宇宙空間を飛び回る感覚に浸りました。そして、嬉しさがジワジワと込み上げて身体中がムズムズしました。

このときをきっかけに、アカシックレコードとのアクセスをするようになり、わからないことがあったとき、どうしたらいいか迷ったとき、この鍵を活用してカンニングをして答えを出すことを覚えました。私は学生時代からカンニングは得意でした（笑）。

Q&A アセンションへ向けて意識の転換を！

Q 私はとかく物事をネガティブに捉えがちなのですが、ポジティブに変える必要はありますか？　またその方法はありますか？

A 結論は、ポジティブに変える必要があります。

その方法は、良い結果をイメージすることです。人は意識をすることで現象を作っています。というと、何だか捉えどころがありませんが……。たとえば、学校の受験でもスポーツなどの試合でも、日々の出来事でも、〝そんなことできっこない、うまくいかない〟あるいは〝もし失敗したら……〟とうまくいかないことの方をイメージするケースが多いのではないでしょうか。

これは前世で失敗した体験からくるトラウマの影響で、今回も同じ結果になるかもしれないとネガティブなイメージを思い浮かべます。つまり、〝駄目な結果〟を思うから〝駄目示（ダメージ）〟になるのです。反対に、〝うまくいった、理想的な結果〟を〝意明示（イメージ）〟して日々を送ると、良い結果を引きつけます。やわやまの著書『直感力を鍛える』（オーエス出版社　二五一～二五三ページ）にくわしく書いてありますので、参照してください。

トラウマの堆積が多い方はついつい最悪の結果を〝駄目示（ダメージ）〟してしまいがちですが、それは日々クリアリング作業をして、良い結果をイメージしてください。

宇宙空間には万物共振の法則が存在していて、波動が類似する同種のものを引きつけ、共鳴をします。〝類は友を呼ぶ〟ということです。ネガティブとは洗心でいうご法度の心です。してはいけない思いです。口に出さなくても頭のなかに思い描いただけで想念は空間に放射状に発信され、同種のものを引き寄せます。良い思いは良いものを、悪い思いは悪いものを、です。これは自分だけではなく、万物に影響します。これぞ万有引力の法則です。たとえばこれは、ネガティブな現象ですが、ある国のトップが特定のある国に対しネガティブな意思を表明し、その国民全体がその相手国に対して安易な否定的感情を抱いた場合、その国民の集合意識が自然界に強く影響し、地震災害等の天災を引き起こすことがあります。あるいは分子や原子の世界で細菌やウィルスを発生します。つまり個人レベルでも国家レベルでも墓穴を掘る結果を引き寄せてしまうのです。

反対に良い結果をイメージすれば、空間全域に良好な想念が発信されて良い物だけに共振し、良い結果を呼び寄せます。この〝共振の法則〟を知れば、ポジティブなイメージがいかに大切かが理解でき、日ごろの思いがいかに重要かがわかります。

今日からいつも自分はハッピーだ！　明日はもっと良くなる！　とてもラッキーだ！　と思い、ニコニコしながら生活をしましょう。

Q　アセンション期が近づいていますが、今後私はなにを学んだら良いのでしょうか？

A　大切なご質問ありがとうございます。ほんとうに最近の社会の中、自然界は変化が加速しはじめています。

答えは、心の純粋化です。以前からお伝えしています「洗心」です。その他はなにも必要ありません。最近、ヒューレン博士の唱える「ホ・オポノポノ」もこの「洗心」とまったく同じことです。これさえ心得ていれば、他のどんな情報も一切必要がありません。セミナーに駆けずり回ることも、本を読みあさる必要もありません。ヒューレン博士のいう〝光を透す〟ために必要な言葉を唱える、田原澄さんのいうように「洗心」をしていれば、光が透るようになっていきます。

そう、私たちは光の存在です。光の使者なのです。この地球に光をもたらす一員なのです。そのために「洗心」や「ホ・オポノポノ」を行うことによって血液が浄化され、オーラが輝き光が大量に透る身体になっていきます。

たとえば「洗心」においてしてはならない〝ご法度のこころ〟の妬《ねた》み、嫉《そね》み、羨《うらや》み、などは決してしないようにしましょう。これをすると血液が濁り、病気の素を作ります。オーラがくすみます。その結果、運勢が低落します。他人を批判したり非難することは墓穴を掘ることなのです。そんなときに「ホ・オポノポノ」は最高の手段です。

もしあなたの近くに他人を批判したり非難する人がいたら、その人に注意や反論をするのではなく、それを引き寄せている自分の内側にある波動を「洗心」で消してしまいましょう。そして血液を浄化し、身体を浄化し、オーラを浄化して輝かせましょう。難しい理論や理屈を聞き歩く必要はなにもありません。『ひふみ神示』に「知ではあらんぞ」と岡本天明氏は天啓によって書かされています。歩き回らずに、立ち止まりましょう。いま、あなたのいる場所で十分なのです。あなたは「輝球化実現プロジェクト」の構成員なのです。血液を浄化して、大量の光を受信して、この大地に透す役目をもってきているのです。

気もちゃイメージを輝かせると、自然界全体に光エネルギーをもたらします。その結果、この地球という星がさらに輝きを増すのです。

Q アセンションを迎えるに当たって、なぜトラウマを解消しなければならないのですか？

A たとえば恐怖症があります。高所恐怖症、スピード恐怖症、対人恐怖症、等々……。

これらは過去世で身につけてしまったものですが、いまの生活のなかでもさまざまな恐怖症があるために、思うように事が運ばないことが多々あります。

アセンション期はいまの次元から遙かに高い次元へと瞬時に移行するために、すべての恐怖症が同時に体験させられます。とても衝撃的なことです。

ですから、さまざまな恐怖症をできるだけ軽減しておいた方がアセンション期を快適に過ごせます。

やわやま解説

『ひふみ神示』の伝え

『ひふみ神示』では「知ではあらんぞ」という言葉がたびたび出てきます。これからの世の大立替えには「知」つまり情報や理論や方程式などの知識では太刀打ちできない状況になることを伝えています。〝世の大立替え〟これはアセンションのことです。いままでの三次元の物質世界が霊的なエネルギーの世界に転換してしまいます。そのときに必要なのはいままでのように、書物や講義、講演などで得た知識はまったく役に立たなくなります。必要なのは洗心と瞑想で得られるオーラやチャクラ、アンタカラーナを発達させてコクーン・バディーを形成することです。プレアデス星やアルクトゥウルス星のマーくんたちからの貴重なメッセージで、アセンションガイドを得られます。

みなさんもどんどん積極的に洗心と瞑想を進められてください。

スピリチュアルイベントへの参加やパワースポット巡りなどに明け暮れても、アセンションはできません。厳しいですね。

「洗心」に関しては『宇宙の理』（ザ・コスモロジー刊）をご参照ください。

http://the-cosmology.com/

※「洗心」は、昭和二八年七月一日から田原澄さんが宇宙創造神からご神示をいただき、昭和三八年に完成し、この不良人類（いまの地球人）を優良星界へ昇格させるためにメッセージを伝えているものです。『宇宙学』（上・中・下）や『洗心』（上・中・下）（ともにザ・コスモロジー）をご参照ください。

『ひふみ神示』とは

『ひふみ神示』は田原澄さんの『宇宙学』と時を同じくした、昭和前半の自動書記です。お筆を書いたのは岡本天明氏。彼は画家で宮司をされていました。大本教の出口《でぐち》王仁《おに》三郎《さぶろう》氏のお弟子さんの一人です。

はじめは東京千駄ヶ谷の鳩の森神社で、その後千葉県成田市にある麻賀多神社で宮司の在職中に天啓が降りてきて、画板にお筆を書き連ねたのが『ひふみ神示』です。

その筆記は「いろは」や漢数字や図案で、文章として読めないばかりか意味不明で、天明氏の奥様の三典《みのり》さんと言霊学者の小田野早秩《おだのさなえ》先生が何年もかけて解読

成田市麻賀多神社を訪ねて。

しました。私もご縁があり、岡本三典さんの千駄ヶ谷での『ひふみ神示』学習会に参加させていただいたり、小田野先生のご自宅でのご講義を拝聴させていただきました。また成田市の麻賀多神社も訪ね、天明氏の直筆のお筆のエネルギーにも浸ることができました。『ひふみ神示』を理解することは、そうとう読み込んでも容易に解読できるものではありません。しかし、私が受信しているマーくんからのメッセージにとても共通点があるように感じています。

ハートってなあに？

ハートは心臓、ハートは胸、ハートはアナハタチャクラ。そしてそのハートは宇宙からのエネルギーの取り入れ口。

あるときのこと、やわやまが「ラジオキャラバン」の取材を受けて、キャスターさんにスポーツの指導法を説明しているとき、「生理的な現象の『波動の理論』」と伝えたところ、キャスターさんは「ハートの理論」と聞き間違いをしてしまいました。しかし瞬時に「？？？『ハートの理論』？　なかなかユーモアのある捉え方だなあ」と思い、否定せずに預からせていただきました。波動は♡ハートを通して、いえ♡ハートを透して伝わってくるではありませんか。

なので、直感も、感受性も、プラーナ（自然界栄養素）も、指導解説も、ハートを透すときちんと伝わることを教えていただいたようでした。

そんなエネルギーの交流でセラピーやカウンセリングを続けてきましたことをこの本にまとめました。ヌクヌクしながら読んでくださいね。

光の遠隔エネルギー

病気の原因は三つ——現代医療以外にも解決法がある

体調が悪くなって耐えられなくなれば病院へ行きます。自分が行きしぶっていても、周りの人たちが病院へ行けとうるさく勧める、ということもあるからです。

いやいやながら病院へ行って、診察や検査をして、医師の先生から「あなたは○○病です」と診断され、「○○病なんだ」と自分自身にいい聞かせます。しかし最近は、病院が嫌いな人や西洋医療以外の療法を取り入れる方がとても増えてきました。

インドのヨガ法やアーユルベーダ、英国のアロマテラピー、ホメオパシーやフラワーレメディー。中国古来の漢方や気功法。スピリチュアルからはホ・オポノポノやロミロミ。いずれも疾患の回復や健康促進法で人気が高まっています。

私が宇宙存在マーくんに「病気の発生の原因は何ですか?」と聞いたところ、「三つあります。一つは本人の心の乱れ、二つ目は食習慣や睡眠時間などの生活習慣や環境の乱れ、三つ目は霊的な関与です」という答えが返ってきました。

病気から回復するには、根本原因を突き止めて、そこを解消しなければならないとのことでした。

とくに三つ目の〝霊的な関与〟は西洋医療では原因として認めていないので、対策がありません。しかし英国の霊媒家ハリー・エドワーズ氏は、心霊治療という手法で憑依霊を取り除き、疾患を回復させていました。

私はこの霊的なケースでも、クライアントさんが用意されていて、セラピーの経験を積むことができました。最初のケースは案外重いパターンでしたが、それからずっと、憑依霊や雑霊を取り除くことで症状を解消するセラピーの回数を重ねています。

また、浄霊による状況の打開などのご依頼も受け、解決させていただいています。

宇宙存在マーくんは、いまの地球人の医療について三段階のメッセージを伝えてきています。

1．現在の自称先進国の西洋医療の研究開発を実践する。しかし重傷の場合は回復

当方の会場で開催したロミロミのワーク。

の可能性やペースは鈍い

2．霊界との関わりによる関係の調整法を進展させる

3．宇宙先進星からの手法の導入、または、サポートを受ける

2項については、私たちの住む世界には霊界人（ご先祖さまをはじめとするこの世を旅立って霊界へ移られた方々）からの、私たち現界（現実世界）人への関わりによる生活面や健康面、運勢面を理解し改善する。

3項については、私たちのいまの地球文明以上のものがあることを認め導入する。たとえばＵＦＯの存在をいつまでも否定し続けていたのでは人類の進化は望めません。また、ＵＦＯのテクノロジーだけにとらわれず、彼らの文化、各種芸術、生命活動の手法、宇宙の仕組みの理解など多くの英知を受け入れる姿勢が大切です。これらを宇宙的ルネッサンスと呼びましょうか？　私たちが争いをやめ、謙虚に拝受すべき姿勢が必要です。その受け入れ姿勢いかんで、今後の地球と人類の進化が問われます。

病気はバイブレーションの乱れ——健康と病気

最近、光の遠隔エネルギーのご依頼に、具合が悪いのに病院の検査では何も原因が見当たらない……というお問い合わせがよくあります。

病院での診察は、血液検査をはじめさまざまな検査をして、数値の異常を見つけ、そこから病名が付けられて投薬と治療がはじまります。

さて、検査で異常な数値が現れるのには、どんな原因と経緯があるのでしょうか?

そもそも健康や生命活動は〝魂〟が基本です。人間は、〝魂〟が霊界から現界へ降りてきて、お母さんのお腹の中に宿り、胎児の期間中に羊水から栄養をいただいて、この世界に肉体をもって生まれてきます。生まれた後はおっぱいを飲み、離乳食を食べ、そして成長します。プラーナ呼吸も大切です。

まず、胎児のときには肉体の成長と並行して、チャクラやオーラも育成されています。この世に生まれてからも、チャクラやオーラは存在し、肉体とともに成長します。

また、口から摂取する食べ物以外に、人間は呼吸からも生命エネルギーを絶えずいただいています。大気と食物の中に存在するプラーナをいただきながら成長し生命活動を維持します。

自然界に存在するプラーナは、純粋な正弦波をもっています。正弦波とは、自然界の規則正しいバイブレーションのことです。すべての身体が常に正弦波を保っていれば健康状態はいつも良好です。しかし、身体の波長が不正弦波になると症状が発生します。この程度が重くなると病気になります。

先程のお話に戻りますが、病院での検査数値に異常がないのに体調が優れない場合は、身体の波長が多少不正弦波になりつつあることが考えられます。この状態のとき、速やかにクリスタル・ボウルの超音波（四万ヘルツ以上）や、光エネルギーで正弦波に戻してあげれば発病を防ぐことができます。

まず健康の仕組みを理解しましょう。

1. はじめに〝魂〟ありき、です。
2. 〝魂〟がチャクラやオーラにエネルギーを与えます。
3. 次にチャクラやオーラが肉体にエネルギーを与えて生理活動を営みます。

この生理活動の営みが正弦波の波長のまま純粋であれば健康状態はいつも良好です。

反対に健康を乱す原因は、

1. 本人のネガティブな思考（否定、心配、怒り、悲しみ等の気もち）
2. 霊界からの関与（憑依）、異星人からの関与（ウォークイン）
3. 運勢の悪い状態（環境、人間関係、数字配列など）

日ごろから生活環境を整えて、場と心身のコンディションを良好に保ちましょう。単純な解決法は〝光〟や〝音〟の強力な正弦波をオーラやチャクラに与え、波動を調律することです。調律されれば細胞内のクォーク（キラキラと輝く回転運動）は整い、症状は消えてなくなります。

病気になる前の健康状態とは……地球という星の生命活動

病気、疾患、ストレスなど、体調不良になる前とはどういう健康状態をいうのでしょうか？ 私たちは大方健康な状態で生まれ、健康なまま成人します。病気を発症するのは早くて三〇代あたりからです。多くは五〇代あたりからさまざまな症状が出てきます。この原因の一つは、老化による抵抗力の低下、活性力の減少です。もう一つは、精神的および肉体的なストレスです。生活や仕事で長期間ストレスを抱えたままでいると、健康であった身体が悲鳴をあげて耐えきれなくなり、いつの間にか症状を発生させています。無理やストレスがなければ、多少老化が進んでも症状は発生しないと思います。

もう一つに健康法があります。早起きをしてジョギングやウォーキングや気功をやったり、快食や快眠に注意をはらって、いつも心身のバランスを整えることで健康状態を維持する方法です。

しかし、この健康以前の〝生きる〟こと、〝生きている〟ことの生命活動を理解することが基本的に必要です。なぜ心臓が一生動いているのか？　なぜ呼吸を四六時中しているのか？　なぜ呼吸のための大気が地球にいつも存在しているのか？　なぜ食事の対象の食物が一年中供給されているのか？

これらは私たちが生活する地球という星がいつも活動し、私たち人類をはじめ動物や植物、海の中の生物、鉱物、微生物たちの永久的な連鎖的活動が営まれているために存在しているのです。それら自然界の営みがあってこそ、生きていられるのです。

そして、地球のこの営みは、太陽をはじめ月や星々や宇宙空間やそれぞれの星が発信する振動波との共振作用で存続しています。それらの素材の元は〝光〟です。〝光〟といっても人の目で見える範囲はごくわずかです。見える範囲と見えない範囲の〝光の栄養素〟から宇宙は構成されていて、それらの恩恵を受けて存在していられるのです。

なので、医療や薬品やサプリメント以前に、自然界の恵みをこよなく愛し、最大限にいただいて生活するように心掛けましょう。その恵みたちと、同調、共振して快適に過ごしましょう。

地球と一体化している自分、宇宙と一体化している自分をイメージしてください。そのイメージやそれらの恵みに感謝をして生活をしていれば病気は発症しません。病気は存在しません。医療や病院とはご縁のない社会になります。

自然療法とは……

なぜ、昨今は西洋医療離れが進み、自然療法が受け入れられているのでしょうか？

戦後の日本では病気になれば病院へ行く、薬を飲む、という西洋医療信奉が顕著でした。

しかし一九九〇年ころから、アロマテラピーや気功療法、波動医療などが普及しはじめ、いまでは病院離れする人々が増えています。

これは西洋医療に疑問を抱いたり、苦痛を感じたりしている一般の人たちが、自然療法を理解し、そこから真の安らぎを得られることがわかってきたためです。

私も一九九四年ころから「第三医学会」（厚生省内の部会）とかかわり、西洋医療、東洋医療以外の自然療法を研究活動する団体に関わったことで、クリスタル・ボウル波動療法や、光の遠隔エネルギー療法に取り組む方向へと進むようになりました。

そしてアンタカラーナの意味と感覚を知り、潜在意識や深層意識、現実との関わりや作用を理解できるようになりました。意識とは宇宙波動です。広大な宇宙に遍満する宇宙の記憶＝アカシックレコードにアンタカラーナを伸ばして波動をキャッチできると深層意識につながることができました。

米国の医師リチャード・ガーバー氏に『バイブレーショナル・メディスン――いのちを癒す「エネルギー医学」の全体像』（日本教文社刊）という著書があり、さまざまな波動医療を紹介しており、冒頭で次のようなエドガー・ケイシーのことばを紹介しています。

人体は〝電子的な波動〟からなり、原子、元素、器官および有機体にはそれぞれ、電子的な波動の単位があり、それによって有機体の維持とバランスが保証されている。個々の細胞、すなわち生命の構成単位は、それ自身「複製／分裂」として知られる第一法則にもとづき、自己を複製する能力をもっている。（傍点筆者）

——エドガー・ケイシー

リチャード・ガーバー『バイブレーショナル・メディスン』（日本教文社刊）

ここでいう〝自己を複製する能力〟が自然治癒力であり、この自然治癒力の低下で機能再生できなくなったとき、外部から多量の正弦波が必要になります。そして〝自己を複製する能力〟が不足する原因は、本人のマイナス思考や環境の悪条件、霊界からの圧迫等が原因です。

人体には、肉体以前にオーラのライトバディーがあり、さらにライトバディー以前に魂のエネルギーが存在しています。

よって、体調不良を整えるには、肉体がみずから細胞を治そうとする以前に、オーラの歪みや魂の傷を癒すことが必要で、オーラや魂が整えば、肉体は完全なる健康的な生命活動をとりもどします。

これらの方法が自然療法、波動医療（音響や光波）なのです。

五感の外側にも存在しているものがある

ここでちょっとだけ、人の感覚とアンタカラーナについてご説明しておきましょう。

人には五感があります。視覚、聴覚、味覚、臭覚、触覚。しかしそれらには捉えられる範囲が制限されています。

視覚で認識できるのは赤色から紫色までです。赤色より外側（低周波数）の赤外線は見えません。とくに遠赤外線や深赤外線はだれにも見えません。そして、紫色の外側（高周波数）の紫外線、遠紫外線や深紫外線も見えません。しかし見えないから存在しないわけではありません。存在しているけれども、人の感覚では見えていないだけなのです。

音についても同様で、大方の人の聴覚では、五ヘルツ以下の低周波数は聞こえませ

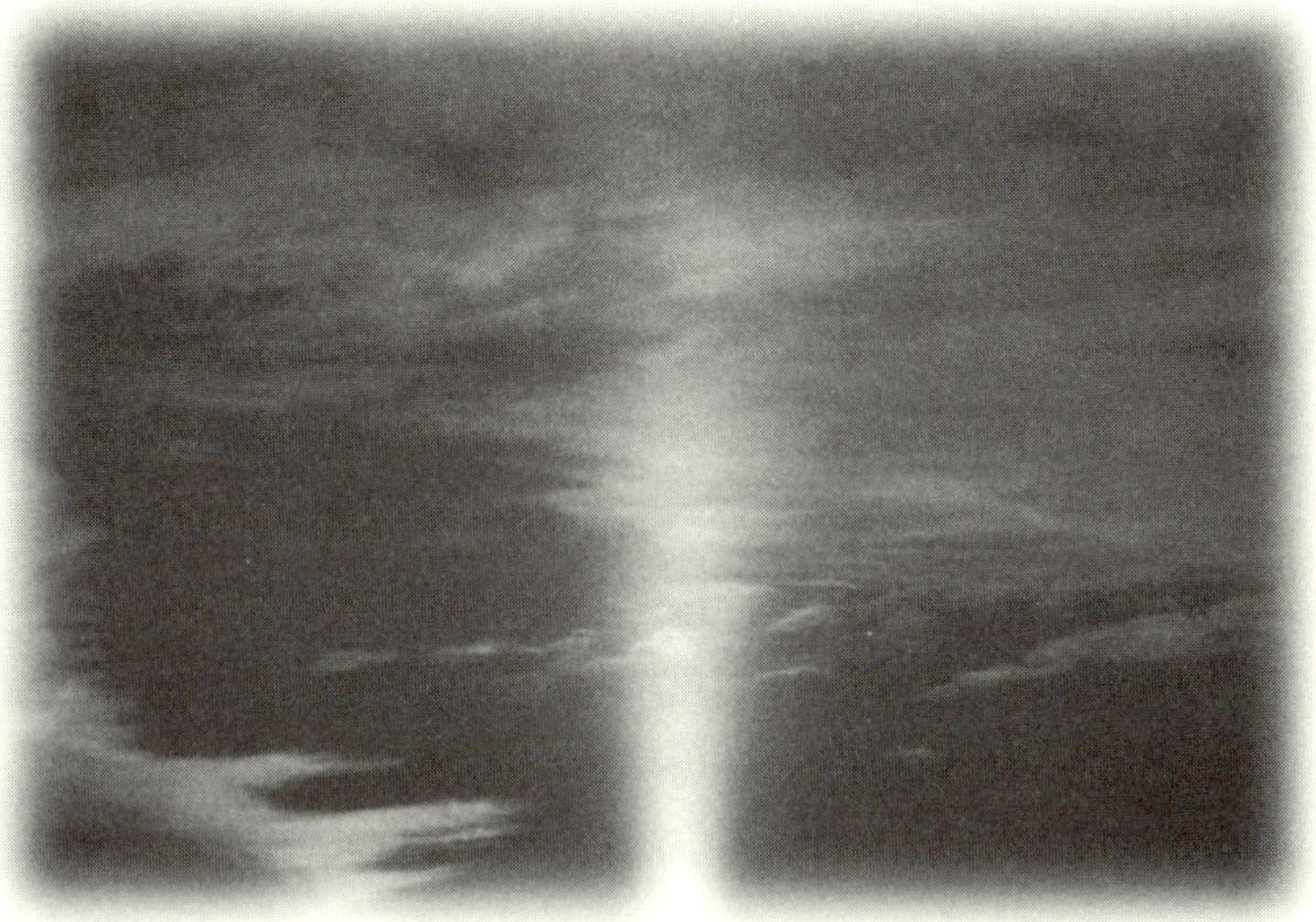

関先生からアンタカラーナのエネルギーを教えていただいたころに、
太陽から上空へ伸びる光の柱のアンタカラーナエネルギーを撮ることができました。

ん。そして、八千ヘルツ以上の超音波も聞こえません。しかし、コウモリのようにみずから超音波を全方位に発信し、壁や木々や仲間から跳ね返ってくる時間で対象物までの距離を受け止め、ぶつからないように上手に回避しながら飛ぶことのできる動物もいます。まるで目に見えているようですが、これは光を頼ることのできない夜行性動物ならではの能力です。

このように、人の目には見えなかったり感じなかったりしていても、実際には存在しているものがたくさんあります。なので、現代科学の範疇から否定されても医療の世界が認めなくても、いまの文明以上に価値のあるものは無数にあるのです。

第六感を働かせれば、この通常の感覚で感知できない「外側にあるもの」を感知できます。その感知能力がアンタカラーナです。つまり、アンタカラーナは見えない脳であるといえるのです。

アンタカラーナとは、物理的に頭の中に存在する脳とは別の、頭頂から上に伸びるエネルギーの脳のことで、脳から伸びるアンテナのようなものです。アンタカラーナが長く伸びるほど高い周波数を感知できるようになります。異星人とテレパシーでコミュニケーションをしたり、人と人との間でテレパシーによるコミュニケーションができたり、動物や植物との交信も楽しめます。

実はこのアンタカラーナは、乳幼児のときまでは大半が機能していますが、成長とともに縮小して、大人になったときには通常、まったくなくなっているのです。

しかし松果体（脳の中央にある特別な脳）を活性し、右脳と左脳を統合（ヘミストファー・シンクロナイゼーション）することができると、アンタカラーナはまた伸びてきます。そして五感の外側の世界を関知して、能力が倍増しはじめるのです。進化した星の人々は、だれもが発達したアンタカラーナをもっています。

光の遠隔エネルギーの仕組み

私たちは、生まれたときから物質界に住んでいます。あるいは、物質界に住んでいると信じています。

しかし、実際はエネルギー界（波動界、霊界、幽界）に住んでいるのです。物質界とは、エネルギー界の中の一部なのです。よって、目には見えないし耳にも聞こえませんが、波動界がなければ物質界は存在できません。

しかし、私たちは通常、目に見えるもの、触って感じるものはその存在を認めますが、見えないもの、感じないもの、聞こえないものなどは、なかなか認めようとはしません。五感で感じるものだけを認め、感じないものは認めない性質をもっているのです。それは、そのような社会を作っている人たちがいるためです。

やわやまの写真集『方舟』（地湧社刊）をご覧いただいて涙が溢れる方や、『しあわせを呼ぶハートのことば』（中央アート出版社刊）を読まれて、ハートの奥に気もちが入っていき、感動で次のページをめくれなくなられるというかたがたは、五感のしがらみから脱却し、超感覚で波動界とハーモナイズされているのです。この超感覚がアセンションのはじまりです。

話は戻りますが、たとえば健康や病気などはまず、〝生まれる〟という現象が起こらなければ発生しないことです。動物や人間が〝生まれる〟ためには受精が必要です。受精はエネルギー界の波動や霊や魂の、プラスとマイナスのエネルギーの融合です。その結果、〝生まれる〟〝生きる〟〝健康〟が継続されて物質界を体験します。

健康が継続されるためには、常にエネルギー界からの波動によるプラーナ供給が必要です。機械が動き続けるために電力などのエネルギーが必要なように、このプラーナが途絶えたり、乱れたり、滞ったりすると、健康を害し症状や病気が発生します。

この病む状態を元に戻すには正弦波を多量に供給することにより、健康を取り戻せ

天から降り注ぐ光の柱。

ます。この正弦波を送信するのが、「光の遠隔エネルギー」です。

この「光の遠隔エネルギー」には無限の組み合わせやペースがあります。

まず、音楽の曲調のように、音程（周波数の違い）、リズム（周波数の長さやタイミング）、メロディー（音程やリズムやボリュームの組み合わせ）の旋律があります。この旋律を症状に合わせて継続的に送信し、周波数の乱れたオーラや細胞に正弦波を与え続けると、乱弦波（不正弦波以上に乱れた状態の症状や病気）は消えて、元の正しい生命の営みを取り戻すようになります。


正弦波は宇宙創造の神から四六時中発信されているエネルギーです。この地球にも、人間一人ひとりに、守護神、守護霊、ハイアーセルフを透して送られてきています。

やわやまは、自然界や宇宙から光の正弦波を受信し、ご依頼者へ「光の遠隔エネルギー」送信させていただいています。この「光の正弦波」を受け続けることで、さまざまな症状が、乱弦波が調律され正弦波に戻ったときには解消されています。治すのではなく調律されて消えるのです。

光の遠隔エネルギーを使いはじめたきっかけ

整体教室と療術をはじめて間もなく地方のお客さんから夜に一本の電話が掛かってきました。「一歳の男の子が発熱し、だるそうにしています」と。私に遠隔のエネルギーを依頼する電話でした。まだそのとき私は、遠隔エネルギーを使ったこともインフォメーションをしたこともありませんでした。しかし、なぜか私に、ヒーリングエネルギーを送って欲しいという連絡があったのです。「わかりました。では早速いまから光の遠隔エネルギーを送ります」「解熱剤は飲ませないでください」、「夜中でも体温を測って電話をください」とお母さんに伝えました。息子さんのお名前と生年月日を伺って、夜中に数回エネルギーを送りました。しかし、お母さんからの連絡がありません。どうしたのか心配でした。熱が下がらず救急車で病院へ駆け込んだのだろうか？　と。翌朝になってようやくお母さんから電話がありました。「ありがとうございました。うちの子の熱はおかげさまで平熱に下がり今朝はとても元気です」。しかし、私の送った遠隔エネルギーがほんとうに功を奏して解熱したのか？　たまたま熱が下がる時間だったからなのか不明です。しかし、その件をきっかけに、数回各地から「光の遠隔エネルギー」のご依頼をいただき、どの件も無事に回復されました。

関先生の『念波』を読んでいたおかげと思いました。その出来事から次第に症状の重い方や、運勢の転換や、合格祈願や、土地の浄化など、さまざまな遠隔エネルギーのご依頼が増えていきました。

闘病から愛病へ

波動の足立育朗先生から教えていただいた、「病気の病原菌を殺す、ではなく、波調で共振させて消滅させることが本来である」とのことを、もっともだと思いました。その後に、宇宙存在のマークくんからも「病気と闘うと死にますよ！　闘って負ければ必ず死にます」とメッセージがありました。世間ではみなさん、ガンになると闘病生活をはじめますが、それは病院の先生が闘病を勧めるからでしょう。でも戦《いくさ》ではどの時代も負ければ死にます。そうではなく、乱れた波動を整えることが回復への本来の処方なのです。その処方とは〝愛する〟ことです。病気を愛してあげるのです。乱れた波動を愛して労ってあげることで、ご自身の免疫力が働きはじめます。

病気が発生するまでにはある程度の期間がかかります。ストレスを溜め続けてきた長い年月のあいだに、次第に自覚症状があらわれ、病院で診察してもらい、検査の結果数値が異常を示して○○病と診断されます。それに対する処置は、外科手術や薬品投与による病気への攻撃です。細胞は通常、攻撃されるとますますダメージを受け、さらに症状を悪化させます。ですから、攻撃とは正反対の対処をすることが本来の解決策です。

愛してあげましょう。病や症状を愛して労ってあげましょう。

Q&A

病気はなぜ発生するのでしょうか？

Q 病気はなぜ発生するのでしょうか？

A 病気は本人の波動の乱れによって発生します。健康な身体は健康な細胞、健康な細胞は細胞の中の陽子と中性子が正弦波のクォーク（回転運動）を営んで光を発しているからです。

Q ではどうして細胞の中の陽子と中性子の正弦波が乱れるのですか？

Ａ　外的な要因は偏食、過労、睡眠不足、環境の悪条件、精神的ストレス、霊的な関りなどがあります。

Ｑ　でも、同じ条件でも病気になる人とならない人がいるのはなぜですか？

Ａ　医学的には体力の違い、抵抗力の違いといわれていますが、根本はトラウマです。トラウマとは過去世の体験です。人間は生まれもった体質や性格があります。この生まれもった体質や性格は過去世すべての記録です。たくさんあるすべての過去世の体験による記録や記憶が、今生の出発点になっています。だから同じ両親のもとに生まれた兄弟でも、性格が違い体質が異なっているのです。そのトラウマは魂の中に刻み込まれています。そしてその魂が胎児に宿り、オーラやチャクラを形成しながら肉体を作ります。もちろん父母の体質や性格も影響を受けます。

順序としては、オーラやチャクラを作ってから肉体を作ります。そして、この世に生まれ出て大気を呼吸し、おっぱいや食事にパワーをいただきながら成長します。なので、呼吸や食事の影響で病気を発生する原因もありますが、根本は魂の中にインプットされたトラウマが生活環境に反応することによって発病します。

Q　ではトラウマが消えれば病気にはならないのですか？

A　極論はその通りです。もって生まれたネガティブなトラウマを完全に消してしまえば発病はしません。ですから一生無病息災という人は、トラウマがほとんどゼロの人です。また細胞の営みを正弦波に整えられた人も、無病息災で生活を送ることができるでしょう。ただし例外として、トラウマがなくても、霊的な関与によって病気になることがあります。

これから加速するアセンション期を迎える準備として、トラウマを消して細胞を正弦波に整えて快適な生活を送られることをお勧めします。

「洗心」とは……

少し長くなりますが、関英男先生の著書『高次元科学』（中央アート出版社刊）より引用いたします。

これまで、清い心で正しく生きなければいけないというようないい方を何度かしてきましたが、実は、精神世界への流れは、それがすべてなのです。精神世界というと超能力やUFOや霊やチャネリングといったものが一人歩きをしてしまい、本質を見失ってしまうことが往々としてあります。現在の精神世界ブームもそのきらいがあります。

精神世界は素晴らしい世界であると当時に、進むべき方向を間違ったら、とんでもないことになってしまう危険性も秘めていることを忘れてはいけません。

（中略）

たくさんの霊能者、宗教家が、一時的な華やかさの後で悲惨な末期を迎えることはよくあることです。いま、マスコミで派手に取り上げられている方たちも、この後ひどい状況にならなければいいがと人ごとながら心配になってきます。

精神世界と付き合う場合、一番重要なことが心のもち方、生き方です。正しく生きていれば、何の問題もありません。しかし、変に能力があるばかりに、誘惑も多く、正しく生きる道から外れてしまうのです。

ここで、洗心を心がけることが非常に大切になってくるのです。

（中略）

まず最初は、積極的な方法で、「こう生きなさい」ということを教えます。

・強く
・正しく
・明るく
・我を折り
・よろしからぬ欲を捨て
・みんな仲良く、相和して
・感謝の生活をなせ

これだけです。これが実行できれば、素晴らしい精神世界の指導者になれます。

もう一つ、これは消極的な方法ですが、「こういう心はもってはいけない」ということです。

・憎しみ
・嫉《ねた》み
・猜《そね》み
・羨み
・呪い
・怒り

・不平
・不満
・疑い
・迷い
・心配心
・とがめの心
・いらいらする心
・せかせかする心

以上です。何となくわかると思いますが、実行となるとなかなか難しそうです。ですから、毎日一つずつチェックしていくことが大切でしょう。常に、この洗心を心にとめながら生きていくこと。これが、もっとも重要なことなのです。

(『高次元科学』中央アート出版社刊)

このように、『高次元科学』に明記されていて、やわやまが出席していた関先生の加速学園でも、毎回授業の半分は〝洗心〟の大切さを説かれていました。

先生は海外の科学者の学会でも、この〝洗心〟や人間の〝心と光〟、〝心と現象〟の関係を講義されておられたようです。

人の心の思いの善し悪しで、人の身体は健康にもなり病気にもなるのです。

病気とは、多くの場合本人の習慣的なネガティブな考え方によって、その種の症状を発生しているということなのです。また、霊界に住む霊人からの、どう関わられているかも、本人みずから引きつけている部分が往々にしてあります。

良い霊人に守護霊になってもらえていれば、健康的で運勢も発展します。反対に不良霊人に憑依されると、病気になったり不運に見舞われてしまいます。どちらへ進展していくかは本人の心がけ次第ということです。

精神疾患の五大原因は

子どもから大人まで、精神疾患が原因と思われる事件や事故がとても増えてきました。これには大きな五つの原因があります。

1. 精神科の医療や投薬で解決しない（薬は単なる症状のぼかし）

2. 脳を麻痺させるゲーム（テレビゲーム・スマホ）の電磁波やサブリミナル
3. 危険ドラッグ（神経系を錯乱させるハーブや化学物質のブレンド）
4. 憑依（霊が取り憑き悪さをさせられる）
5. 地球の波動のレベルアップ（次元上昇に落ちこぼれはじめている）

ここでみなさんが一番気になることは5の地球の波動のレベルアップでしょう。

次ページの図「宇宙情報系から教えられた魂の階級表」の不良人類が、10の6乗から10の7乗へと上昇しようとしている現在、星波動（地球の）と地場環境の変化についていけない人たちのオーラが歪みはじめています。このオーラの歪みが精神状態の乱れを表しています。「気もち」、「精神」、「心」の状態とはすなわち、オーラのコンディションです。

人のオーラ（エネルギーフィールド）には層があり、肉体に一番近い一層目をシン体、二層目がエーテル体、三層目がアストラル体と続きます。

この一から三層までが「気もち」、「精神」、「心」を表現しています。

しかしこれらのオーラエネルギーが鈍ったり、色が曇ったり、形が歪んだりすると、心や気もちが乱れます。その結果、精神状態に異常が表れます。なので、この精神状

宇宙情報系から教えられた魂の階級表

	経験年数	次　元					
		無限∞	7	6	5	4	3
創造主	10^{∞}	●					
神々	10^{12}		●				
精霊	10^{11}			●			
高級霊	10^{10}				●		
高級霊人	10^{9}				●		
上級霊人	10^{8}					●	
優良人類	10^{7}						●
霊界人	10^{6}					●	
不良人類	10^{6}						●
未開人	10^{3}						●

私たち、地球の人間のレベルは「不良人類」ですが、波動が少しずつ変わっています。そして、2025年には、霊界人（魂の世界に住む人）の世界を飛び超えて、完全に「優良人類」になるということです。

私たちの高次元の存在を比較してみると、アマテラスオオミカミは高級霊あたりだということです。神と名のつき進化した祖先たちは、聖霊よりも下に属しています。創造主や神々となると、もはや名づけようのない存在となります。（出典：関英男『高次元化学』中央アート出版社）

態を正常に戻すためには、光や音の正弦波でオーラを調律することが、一番の解決策です。光エネルギーやクリスタル・ボウルの高い周波数は、オーラの七層と七つのチャクラを調律します。本人のトラウマを解消し、憑依などを取り払い、乱れた不正弦波を正弦波に整えます。すると精神が安定します。

精神疾患は、このようにして根本から解決しないと、症状はいつまでも改善されません。

光エネルギーやクリスタル・ボウルの高周波はまさに宇宙医療です。

精神的疾患はオーラを修復すると消滅します

やわやまのセラピールームへは、さまざまなご依頼やご来訪があります。お医者さん、獣医さん、お寺さん、宗教家さんｅｔｃ．その中で、最近は精神的疾患に関するご相談が増えています。精神的疾患が増えることは、すでに二〇年ほど前から予測されていました。それは、地球の波動の上昇にともない、それに人間社会の波動上昇が追いつかず、そのギャップから生じる、意識や心の乱れの現象です。

仕事や人間関係、子どもの社会性不適応、生理的自律神経の乱れなどが発生する兆候が出ていました。この精神的疾患は、主にオーラの乱れが原因です。肉体そのものの不調よりも、エネルギーフィールドのオーラのエネルギーが曇ったり歪んだり、薄くなったり、濁ったりすることで、人の体や精神状態は乱調になります。この状態を回復させる方法にオーラの修復があります。精神科や心療内科の医療による投薬やカウンセリングではなかなか解決しないようです。投薬は、肉体への生理的対応なので、精神には効力を発揮せず、ただ肉体の緩慢性を高めデメリットになります。カウンセリングは思考が対象の療法ですから、理屈で理解させたとしても精神を正すまでには至りません。

精神疾患を引き起こすまでに乱れたオーラを修復するためには、多くの種類の光を集めた〝光の遠隔エネルギー〟を送信する必要があり、ときにはとてもパワーと時間と期間を要します。

〝光の遠隔エネルギー〟は肉体への光、チャクラへの光、オーラへの光、守護霊さまへの光、ご先祖さまへの光、お部屋など環境への光、過去や未来への光など、さまざまな光透波の種類があります。このうちオーラへは、オーラの第一層のシン体から七層のチョード体までの複数の高周波の光をブレンドして送信します。施術を受ける方のオーラのダメージレベルに沿って、必要なバランスをリサーチしながら送信します。

このオーラの七層が正弦波にきれいに整うと、精神的状態が安定し、快活さ、明朗さ、健全性を取り戻します。

光の聖水「カムイワッカ」の飲用を併用することで、身体を正弦波に整える作用が促進されます。

いずれにしても、個人差や状況にもよりますが、修復には一定の期間が必要ですので、急がず慌てず、ゆったりとした気もちで施術や光エネルギーを受けてください。

光の聖水「カムイワッカ」

二〇〇二年、いつものように突然メッセージが降りてきました。一つは「『カムイワッカ』を汲んできなさい」もう一つは「地球でいちばん早い日の出を撮影してきなさい」と。「カムイワッカ」とはアイヌ語で「カムイ」は神、「ワッカ」は水のことです。北海道には三か所、「カムイワッカ」の湧く地があります。その中から大雪山の旭岳天神峡の「カムイワッカシンプイ（神の水の泉）」を選びました。美瑛町《びえいちょう》から車で

大雪山にあるカムイワッカシンプイの標識。

二〇分ほど登ったところです。一一月でしたが、美瑛町までの道にはまだ雪はありませんでした。しかし、そこから一〇分ほど走ると雪道に変わり、天神峡に到着したときにはもう、キュンキュンとパウダースノーが歌いはじめます。ブレーキをかけると、車は浮いたようにすべります。シンプイも雪に埋もれて標識はあるのですが湧き水の位置がわかりません。連れのワンコと直感でようやく探し当て、持参のペットボトルに取水。「マーくん、これでいいですか?」と確認すると「良い、良い!」と返事がありました。次は地球で一番早い日の出の撮影場所へ向かいます。

そこは道東の根室半島にある納沙布岬《のさっぷみさき》。夜に根室市に到着し、食事を終えて銭湯へ入り、車を納沙布岬の手前に留めて車中で待機します。流氷の季節にはまだですが、道東の風はヒュルリー! と森昌子さんの唄の如く泣いていました。冬至に近い暦ですが、東京より一時間以上も早い日の出です。北方四島の歯舞《はぼまい》群島が望めました。しかし、そこは現在、ロシアの支配下にあるので、ここが日出ずる国の最東端、ということになります。地球上でいちばん早い日の出です。

車から降りて崖のせりまで出て地球一早い日の出を撮影しました。日本の本土最東端のお店「鈴木商店」の海鮮定食をいただこうと思っていたのですが、まだまだ開店時間ではありません。東京を出て四日間、帰ったときまでの走行距離は、四千キロに

日本の最東端、北海道納沙布岬。やわやま号にも美しいチャクラ。

なっていました。

もち帰ったお水「カムイワッカ」をいただき身体への影響を検査したことにより、人や動物の健康にもっとも適したお水を開発できました。「光エネルギー」の注入とクリスタル・ボウルの高い波動を四五日間与え続けるのです。現在は北海道羊蹄山の「カムイワッカ水」と鹿児島県屋久島の「縄文水」に光と音を注入して提供していますす。このお水はペットちゃんたちに大好評。もちろん人にも最適です。お金にもスプレーしてあげると生き返り働きが良くなります。

「カムイワッカ」を実際に体験した方からのお便りがありますので、ご紹介します。

お便り

「カムイワッカ」はすごいです！

東海　女性

いつも動物たちに遠隔ヒーリングをしていただきまして大変ありがとうございます。

おかげさまでみんな元気です。とくに腎臓（癌）末期で高齢の猫Rちゃんには何度もヒーリングをしていただき感謝しております。この子は毎週皮下点滴をしていましたが、液が多すぎると穴が空き漏れてしまいます。そのため一週間の量を四分の一に減らしましたので心配になり、すぐにカムイワッカを送っていただき飲ませはじめました。前の日に点滴をした分がその日のうちにほとんど漏れてしまいましたが、すぐ明くる日に「カムイワッカ」が届きました。Rちゃんは器に入れてやっても興味を示しませんでした。ところが近くにいた別の猫Bくんがとても反応して、Rちゃんの器のお水を全部飲んでしまいました。Bくんはその後も三日間、たくさん飲みました。Rちゃんには最初の日だけスポイトで飲ませましたが、次の日からは自分でよく飲むようになりました。点滴には六日後に行きました。穴が塞がるのに一週間かかるというので待っていたのです。一週間点滴なしでいましたから、病院の先生は食欲が落ちていないかと心配していましたが、とてもよくご飯を食べていました。

「カムイワッカ」を飲ませて今日でちょうど一週間たちますが、ますますよくご飯を食べるようになりました。やわやま先生のヒーリングと点滴で、この一週間ますます食欲旺盛になりました。夜中にご飯を食べて「カムイワッカ」も朝までにはほとんど飲んでいます。昨夜は少し普通の水を混ぜておきましたら、ご飯はかなり食べているのにお水はほとんど飲んでいませんでした。

それではと、普通の水を混ぜないでカムイワッカだけを器に入れてやりましたら、すぐにたくさん飲んだのには驚きました。

ワンコたちにも飲ませたりスプレーしたりしましたし、アレルギーで食事療法をしているシーズーにも飲ませたり、何度も赤いおなかや脇の下にスプレーしたりしています。ワンコはハーブをやめて「カムイワッカ」だけで一週間過ごしていますが、目脂《めやに》がかなり少なくなったようです。これから楽しみにしています。

人間も少し分けてもらい、私のひどい寒冷じんましんの両腕に塗って、クリームでコーティングしています。かなり下火になってきました。母親の痛い膝にもつけました。かなり痛がっていたのがだいぶ良くなっています。私は目にスプレーしていますし、頭にもしています。

というわけで、最初はRちゃんにとお送りいただきましたが、あの子にもこの子にも、そして、人間までもということになり、あっという間に一本なくなってしまいました。

これからもどうぞよろしくお願いいたします。

動物と植物は必ずアセンションするとおっしゃっていらしたので嬉しくなりました。私のように昔から自分中心で勝手な人間はアセンションできなくてもあたりまえですが、動物や植物はほんとうに人間のために、いろいろとひどいめにあっていることが多いですから申し訳ないと思っていましたので、心がかなり楽になりました。ありがとうございました。

光の遠隔エネルギーの手法

まず、クライアントさんからご連絡をいただいたら、電話でカウンセリングをし、その方の声の性質を感じながらご容態をリサーチ（観察・洞察・望診）します。そしてお話しを伺いながら、オーラ、チャクラ、身体、生活環境などをエネルギー・リサーチします。つまりこれは、遠隔面会ということになります。最近はこのケースが多く、ご本人はご自宅に居ながら、リサーチを進めていきます。そのために、一度もお会いしないクライアントさんも増えています。

人の身体や生命活動は、大きく分けて二つが関連して営まれています。

1. エネルギー（魂・オーラバディー・チャクラなど）
2. 肉体（物質的身体）

現代社会での医療はおもに、2の肉体を診ます。もちろん身体に症状が出ているので、肉体の状態に応じて処置することは一つの対処法です。しかし、自然療法やインド医学のアーユルベーダなどでは、症状の原因がエネルギーにあると捉え、チャクラやオーラの修復を主としたセラピーがベースになっています。

さらにもっと深い部分では、その人が宿している〝魂〟に根本原因を探ります。

雄大な富士山との一体化をイメージしてグラウンディングとセンタリングをする。

“魂”には過去世で体験した傷や染み、曇り、歪みなどがあり、それを「トラウマ」と呼んでいます。この「トラウマ」が、生まれつきの性格や体型や体調などを表しています。

赤ちゃんや子どもの時期は、生命活動がとてもパワフルなので、身体の異常は発生しにくいのですが、年齢とともに生命パワーが衰えてきたりストレスによる負担が大きくなってくると、“魂”の習性がオーラやチャクラを通じて肉体に現れてきます。これが病気の発生の仕組みです。

「光の遠隔エネルギー」の療法について、お話を戻しましょう。

「光の遠隔エネルギー」では、人の視覚では見えない、高い周波数レベルの光を数万種を、私のオーラ体内へ集めてブレンドし、ベストな光をクライアントさんへ送信します。身体へ、チャクラへ、オーラへ、場合によっては“魂”へ生活環境へと、必要な光を送信いたします。この光がそれぞれのレベルへと中和し、高レベルの光の正弦波で症状を修正します。日数はかかりますが、光エネルギーを送り続けていけば徐々に正弦波が整い、症状は解消の方向に進みます。

インフルエンザ・ウィルスに感染しない方法は？

最近、新型インフルエンザ流行のニュースがたびたび報じられています。以前とは違う新たなウィルスが登場しているわけです。新しいウィルスがなぜ発生するかについては、もう二〇年以上前から足立育朗先生が宇宙とのチャネリングで報告しています。少し長くなりますが、引用いたします。

❖ウィルスや癌細胞は人間の歪んだ顕在意識が生み出した

陽子の歪んでいなかった時代がずっと続いていたのですが、最近は陽子が歪み出しました。陽子が歪み出してから、ヘルペスウィルスとか癌ウィルスとかエイズウィルスなどが生まれたのです。

つまり人間の顕在意識が、さらに陽子を歪めはじめているのです。もともとはチフス菌とかコレラ菌とかいう分子レベルで歪んでできているものは、電子だけが歪んでいたり、あるいは結核菌のように電子と中性子が歪んでいただけで陽子は歪んでいませんでした。それが最近は陽子が歪んでいる。要するに原子核が歪み出したりしているわけです。さらに電子も歪んでいますから、原子が歪んでいる。そういうものが組み合わさってできているものを、ウィルスと呼んでいるのです。またそれが組み合わさり、さらに細胞を構成していれば、癌ウィルスか癌細胞になるわけです。それは明らかに人間の顕在意識が生み出しているものだということです。

❖病原菌と「闘う」「殺す」という意識は自然の法則に反する

自然の法則は常に調和の取れた中性子・陽子・電子を生み出しています。ところが地球という星の、いまの文化の人間の顕在意識は、中性子・陽子・電子を自分たちで歪めています。その歪んだ振動波は、自分の体、周りの空気、存在している壁、床、天井、素材など、この空間の〝すべて〟に発振して、干渉し、変化させています。

それだけではなく、病原菌というものを地球では誤解しています。「病原菌が悪い」と思っているのです。自分たちが作り出している病原菌を憎んで「闘う」「殺す」という「意識」をもっています。

基本的に「闘う」とか「殺す」という「意識」そのものが、自然の法則に反しています。常に調和のとれたエネルギーをすべてに行き渡るように変換していく、これが自然の法則です。

特定の人が特定の形で得てしまう、競争して奪い合ういまの文化というのは、欲望を満足させる顕在意識の拡大された状態です。競争して奪い合うという形で、それぞれがエネルギーを補給しているわけです。

本来宇宙の法則では、エネルギーは常に調和のとれた形で分かち合い、すべてに行き渡るようになっています。ですから必要以上のエネルギーはいらないはずなのです。

ところが競争や奪い合いを繰り返し、自分たちが歪んだ振動波で作り出した病原菌を、結局また「顕在意識」が憎んでしまっている。その憎んでいる病原菌は自分たちが作ったもので、本来、病原菌自体は悪くないのに、それをまた殺菌という方法で殺そうとしています。

病原菌を失くすためには、病原菌になっている歪んだ中性子を正常に戻してあげればよいのです。原則として波動のコントロールの一番簡単な方法は、正常な中性子の強力なエネルギーの振動波を歪んだ中性子に送ることです。そうすれば、波動の性質からいって、干渉して戻るわけです。

これは陽子や電子についても同様で、原子核、原子、分子、細胞レベルでも全く同様の考え方で正常化できます。

つまり、それぞれのレベルの正常な強いエネルギーの振動数を加えれば、結果的に病気が消えてしまいます。病原菌を殺す必要は全くありません。波動のコントロールにより正常化する方法は他にもあります。たとえば、歪んだ中性子・陽子・電子を一度クォーク（CAU）に戻し、即正常な中性子・陽子・電子を再生し、原子・分子・細胞を正常化する等々……。これ以上の詳細はここでは省略させていただきます。

ところが、地球の文化の薬というものは、中性子の歪んでいる状態をもっと歪め尽くしてしまう。また、癌という性質の細胞が歪んでいる状態であれば、それをとり除いてしまおう、あるいはもっと歪めて癌の性質が失くなればいい、というふうに考えるわけです。

薬というのは、殺す、破壊するという形で自然の法則に反しながら、中性子や陽子、電子をさらに歪めています。病気の理解も現象に基づいていますから、要するにその性質が失くなれば、病気や病原菌が失くなるという解釈です。しかも病原菌はそれを燃やしても捨てても、とにかく最終的には必ず浄水場を通り抜けて海に行きつくか、灰になって土になるか、いずれにしてもその中性子・陽子・

電子の歪んだものは失くならないのです。それを常に繰り返しています。

（足立育朗『波動の法則』ナチュラルスピリット刊）

足立先生はまた、「人体を構成する約八二兆個の細胞それぞれの中には原子核集合体があって、その個々の原子核集合体のなかに陽子と中性子がクォーク（回転運動）している。この中性子が歪むと菌類に感染し、陽子が歪むとウィルスに感染する」と伝えています。歪めている原因は人間の、「病気と闘う意識」や薬なのです。

水瓶座の時代に入ったいま、調和がますます必要なときです。私たちの気もちや意識も闘うことを止め、調和の波動で生活をしましょう。

人の心身の健康状態はこの壮大な宇宙の波動と美しく共振することによって快適性を保つことができ、反対に不調和になると健康状態が乱れ、病気などの症状が発生します。

クォーツ・クリスタル・ボウルの発する超音波波動は、地球すべての波動と大宇宙から注がれるすべての波動とが共振する響きです。

また、光の遠隔エネルギーは、受けられる方の心身のいまの状況にふわしい、正弦波の波長の光エネルギーを瞬時に送信しています。そして大調和の状態へと戻します。

光とは何でしょう?

よく、みなさんから「光とは何ですか?」とご質問を受けます。

私たちが理解している〝光〟とは肉眼で見える光のことで、これを「可視光線」と呼んでいます。雨上がりに見る虹がその可視光線、つまり見える範囲で、その中でもっとも周波数の低い光が赤色で、それより低い周波数の光を赤外線と呼んでいます。赤色から順に、橙色、黄色、緑色、青色、藍色、紫色と周波数が高くなり、七色あってこれは人のチャクラやオーラ層の順と同じです。

可視光線のうちもっとも周波数の高い光が紫色で、それより高い周波数の光を「紫外線」と呼んでいます。

いま、地球では主に太陽の光と熱を活力源としていただいて植物も動物も人間も生命活動や生活を営んでいます。サンスクリット語で「プラーナ」と呼ばれています。

しかし私たちの目には見えない高い周波数の紫外線や他の星々から受けている光「不可視光線」もこの地球に届いていて、それらも大切な〝光〟なのです。仏教では「不可思議光」とか「お光さま」と呼んで尊んでいます。

紫外線は、ビタミンDの合成を促進する、コレステロールを減らす、血圧を保つ、ホルモン分泌を促進する、など、多くの健康の維持や促進の役割を果たしています。北欧では、冬のゲレンデで、スキーをせずに水着で日光浴をしている人たちがいますが、彼らはそれだけ太陽の光が大切なことを理解しています。

植物も紫外線など日光を必要とし、日当たりの良い場所の作物（とくに朝陽のあたる土地）の成長が良かったり糖度が多く、お米や果実が美味しく実ります。

これからは水瓶座の時代に入り、太陽の光の中へ突入していきます。みなさんも太陽の光をたくさん浴びて、美味しい人間になってください（笑）。

Q&A

「光の遠隔エネルギー」とは

Q　ややま先生の「光の遠隔エネルギー」はなぜ症状を解消してしまうのですか？

A　私が「光の遠隔エネルギー」のことを知ったのはいまから二〇年以上前、一九九三年に関英男先生のご講義に出席したときのことです。

遠く離れた人のもとへ、念波は瞬時に届きます。そして、目の前にいるのと同じように痛みがとれたり、苦しみが軽減したりします。

（中略）

気の粒子の移動速度は毎秒〇・二メートル（時速七二〇メートル）ほどです。たとえば、東京、大阪間を四〇〇キロとして二〇〇万秒＝五五五時間（二三日間強）かかります。それが気を発した瞬間に届いているのですから理屈に合いません。アメリカであろうがブラジルあろうが、まるで気に距離は関係ないかのように、同じように瞬時に反応が起きているのです。

（中略）

念波が気功師から発せられますと、それは瞬時に宇宙のどこへでも飛んで行って、気の粒子を振動させ、さまざまな超常現象を起こすのです。

光の速度は一秒間に地球を七回り半（約三〇万キロメートル＝三×一〇の一〇乗センチメートル）です。それに対して、念波の一つであるギマネ波は一秒間に一〇の四〇乗センチメートルの速度で移動します。さらに早い念波もたくさんあります。

私たちが常識では考えられないような速度で念波は飛んでいき、そこにある気の粒子に働きかけ、これも常識では考えられないような現象を起こすのです。

これが遠くにいる病人でも瞬時に治してしまう遠隔治療の仕組みです。

(関英男著『高次元科学2』中央アート出版社刊)

Q&A

自然療法派なので……

こんにちはやわやまさん! このたびは長らく光エネルギーを送っていただきありがとうございました。ほんとうに助かりました。私はあまり西洋医療は好きではなく、自然療法派なので、とくにやわやまさんの光のような高度なヒーリングセラピーが一番だと信じています。やわやまさんが光を送ってくださっているときは至福の瞬間です。身体とオーラがサイダーの泡のようにシュワシュワッと発泡するとダイヤモンドダストのキラキラが空から舞い降りてきて、いまの地球の三次元の空間とはまったく違う時空になります。

Q どうしてやわやまさんは、この療法を習得されたのか、とても不思議です。いまの世の中にはそのような療法を教えているところはどこにもないと思いますが?

レイキやライトボディ界でもありませんよね……？

Ⓐ ハイ。「光の遠隔エネルギー」は人から習ったものではありません。クリスタル・ボウルを使ってのクリアリングCDやチャージングCDの製作も人から習ったものではありません。はじめのうちは自然にわかった、思いついたと思っていました。自分の直感力だと思っていました。運勢の仕組みや幸運への転換法なども。

しかし段々、だれかが教えてくれている感じがしてきました。一九九九年ごろのことです。そして見えない世界に聞きました。「どなたです？　これを指導してくださっているかたは」と。

すると「宇宙からシグナルを送っています」と答がありました。「これからの地球での療法は光と音です。この二つのエネルギーを使って人の意識や身体を正常に戻せます。遠隔でも可能です。すべてのものは振動しています。その仕組みと手法をお伝えします」と。

そして「療術だけでなく、ほかのことでも興味があれば何でも聞いてください」とお返事がありました。

この発信源はプレアデス星です。それも未来のプレアデス星からきているそうです。プレアデス星自体がいまの地球の文明より三〜四千年も進化しているのに、さ

野山にも光のシャワーが降ってきます。

らにそれより未来からきているとははかり知れない高度な文化文明です。いまの地球はまだまだ人々の意識が発展途上で危険も多く含んでいます。しかしその先にある未来はいまの地球に比べるととても素晴らしい環境になるとのこと。それを信じて歩みなさい……と。そんなわけです。いろいろと私たちに貴重なメッセージを伝えてくださる存在に感謝感謝ですね。

個人差もあるので、どなたも、というわけではないと思いますが、こんな奇跡を起こされた方もおられます。お便りをご紹介しましょう。

お便り

乳ガンが消えました!

関西　主婦

やわやまさん、今日病院へ検診に行ってきました。お蔭様で乳ガンがなくなっていました。先生（病院の）がとても不思議がっていました。前回から約一か月で、第三ステージと診断されていた左胸のガンがまったくなくなっていました。やわやまさんからの光の遠隔エネルギーと、作っていただいたCDのおかげです。

もう一度検診に行かなければなりませんが、ひとまず今日は気も晴々で帰ってきました。ほんとうにありがとうございました。

やわやま解説

この女性は二か月前に病院で乳ガンと診断されて、はじめてやわやまにご連絡いただき、早速光の遠隔エネルギーのセラピーと、クォーツ・クリスタル・ボウルのクリアリングCDをお求めいただきました（CDは『スーパーフル・クリアリング』と『ディープクリアリング』）。光の遠隔エネルギーは、やわやまが毎朝三〇分ほど送信し、CD二枚は使う順序や回数、ボリュームをお伝えしました。光と音のセラピーで、二か月も経たないうちに改善して何よりです。

あといくつか、やわやまに届いたお便りをご紹介しましょう。

娘が明日から学校へ行けます

九州　主婦

やわやまさん、こんにちは！

このたびは娘へ光の遠隔エネルギーを送っていただきありがとうございました。今回、娘は病院へも行かないで薬もまったく飲まないで良くなりました。でもやっぱり不思議です。夢でも見ている感じです。本人にはいっていないので自然に良くなったと思っています。

光エネルギーのおかげですね。明日から無事学校へ行けます。ありがとうございました。

やわやま解説

この方はお嬢さんが風邪で頭痛と腹痛を起こし、一日学校をお休みしました。その日の午後にお母さんからご連絡をいただき、やわやまがお嬢さんへ「光の遠隔エネルギー五色光透波」を送りました。お嬢さんはその日の晩に回復され、翌日はケロッとして登校されたそうです。

この「光の遠隔エネルギー光透波」は、やわやまが宇宙空間から数万種の高レベルの光エネルギーを集めて一旦オーラバディーと体内に引き込み、その中で必要な光エネルギーを選別・混合した光をクライアントさんへ送信します。

この〝光〟とは、紫外線よりも高いレベルなので人の目には見えません。近紫外線（UV‐A）、中紫外線（UV‐B）、遠紫外線（UV‐C）などで遠紫外線は一〇〇～二九〇ナノメーターの光です。

これらの、あるいはそれ以上の〝光〟を収束しブレンドして送る光透波はクライアントさんの歪んだオーラを整え、七つのチャクラをチャージし、不安定状態の細胞を安定化させて正弦波に戻します。これが「光の遠隔エネルギー光透波」の仕組みです。

西洋医学、東洋医学、自然療法と進んでいますが、これからは光の時代へ入っていきますので体調不良や運勢混迷は光のエネルギーで速やかに整えましょう。

息子が救われました

沖縄県　匿名

やわやま先生へ

拝啓　いつもお世話になっております。

こちらは長雨続きですが、いかがお過ごしでしょうか？

息子の件ではほんとうにお世話になり、ありがとうございました。

先生が約五か月間光エネルギーを送ってくださったことと、的確なアドバイスのおかげで、息子は救われました。一時は、息子の人生は終わったかと思いましたが、先生の「夏休みまでには良くなる」という言葉を信じて過ごしてまいりました。お忙しいにもかかわらず、緊急メールにもきちんと対応していただき、ほんとうにありがとうございます。おかげさまで息子は明るくなりました。私がしからなくなったせいか、多少わがままになっていて私がイライラすることもありますが、息子が自分を出すことができて、いい子じゃなくても「お母さんは自分のことを愛してくれているんだ」と思ってくれている、と考えるようにしています。部活動での多少のもめごとは続いているようですが、がんばっているのがわかります。光エネルギーと先生のおかげです。感謝いたします。

また、主人のストレスの件に関しても光エネルギーを送っていただきありがとうございます。あと一か月間よろしくお願いします。

この間、『輝素だより』*を送ってくださりありがとうございます。「洗心」の大切さについて知ることができました。

お願いがあります。私用に洗心の「ステージ1」のCDを製作をしていただけますか。いつも自分の道が閉ざされている気がします。よろしくお願いします。それともう一人弟がいますが、精神的に弱いので、パワーアップのためのパワーマンぬいぐるみ（ハイパーガードパワータイプ）を一つ希望します。

ご自愛ください。まずは御礼まで。

＊『輝素だより』は、やわやまが全国のクライアントさんに向けて年四回発行しているお便り。

引きこもりの長男が三年ぶりに外出しました

北海道　主婦

やわやま様

先月は一か月間の光の遠隔エネルギーを三人に送っていただきありがとうございました。

私が一番気がかりだったのは長男で、三年あまりひきこもりでほとんど部屋から出てこなかったのですが、今月から少しずつ外に出るようになり、昨日は一人で函館まで出向きました。三年振りの遠出です。急に動き出したことに、ほんとうにびっくりしております。長い間の引きこもりでしたので、心のリハビリが必要ではないかと思っていたところです。

いまは私の心も軽くなり、とても嬉しく思います。

次男は病気が問題となっておりますが、本人は頑張っております。また、やわやま様にお願いすることもあると思いますが、そのときはよろしくお願いいたします。ご連絡遅くなりましたが、お礼まで。

やわやま解説

光の遠隔エネルギーは、肉体的な症状の解消だけではなく、精神的な不調の解消や不運状況の打開、浮遊霊の浄化や土地・家屋の浄化にも対応しています。

人の場合は、身体物質（肉体細胞）とエーテル質、アストラル質、メンタル質（各オーラ層）へも光エネルギーを浸透させて、波動の乱れをそれぞれのレベルで正弦波に整えます。とくに精神的な問題の場合にはこのメンタル質への光が重要です。

オーラが正弦波に整うと、本人の身体の状態も良好になり、さらにオーラの外側の環境や対人的なエネルギーも整いはじめます。光エネルギーを長期間受けられると、本人の守護霊さんや相手の守護霊さんたちにも調和の波動がもたらされます。

このように、やわやまが状況の変化をリサーチしながら光を調整して送り続けます。

息子さんご本人へ送った光エネルギーが学校の仲間や先生などへも影響して多少期間はかかりましたが解決に至りました。

二〇一四年の一八歳以下の自殺者は八六六人だそうです。学校内での友だち関係のいじめや疎外などのトラブルが原因で、九月一日と四月一日がとくに多いそうです。新学期のはじまる日に自分を追い込む生徒が増えているようです。

また親族内や同じアパート内での殺人事件も多発しています。また憑依霊によるまったく無関係の突発的な殺人事件も多々見受けられます。交通機関のトラブルの多発や火山の噴火、津波、竜巻の件数も増加しています。これらはすべて地球の次元上昇と人間界における想念周波数の低下した波動がかけ離れはじめたことが原因です。波動ギャップです。これからますますこの兆候が増大しそうです。

隣に座った若い女性の重い波動が……

東京都　32歳　女性

やわやま先生へ

先日は遠隔（光の遠隔エネルギー）をありがとうございました。すごくよく効きました。どんなふうだったかをお伝えしたくてお便りしました。

状況をあまり説明せず〝遠隔〟をいきなり頼んだのですが（すみません）、実はあのとき電車に乗っていて、だんだん具合が悪くなってしまったのです。友人のところに遊びに行くために、一時間ほど電車に乗っていたのですが、隣に座った若い女性がなんとなく重い波動というか雰囲気を発していて、彼女は先に降りたのですが、残された私はだんだん頭痛がしてきて……。久しぶりに会う友人だったので、具合が悪い状態で会いたくなくて、先生に〝遠隔〟をお願いしたというわけです。

メールをしてすぐに、首のあたりからじわーと温かさが入ってきて、なんだか体がほぐれる感じ……なんだろうこの感覚……そうだ！　温泉に入ったときの感じ！　そう思っていたら頭痛はすっかり取れていました！　すごいです。ありがとうございました。で、そのあと友人の家に行ったら、まだ飼いはじめて間もない猫ちゃんがいたのですが、その猫がいきなり私のところに寄ってきて、こてん、と横になってしまったのです。友人は「まだ自分にだってそんなになついてないのに……」と不思議そうに悔しがっていました（笑）。これってやわやまさんの温泉パワーの影響じゃないですかね？

先生の温泉エネルギー、また機会があったらお願いします。

光の遠隔エネルギーを受けて

東海　主婦

この度はほんとうにありがとうございました。母も大変喜んでいます。父はまだ割り切れないような、信じられないようです。やわやまさんの光はほんとうにすばらしいと再認識いたしました。

今回の母の状態は通常は病院へ行き、手術、入院、リハビリで三〜五か月かかるでしょうが、私も母も病院嫌い医者嫌いで、十数年前から気功や自然療法などを探しては、遠方まで療術を受けに行っていました。なんとか治る療法はないものかと探し歩いていたのです。

そんなとき、雑誌でやわやまさんの記事を見て、「これだ！」と直感し、説明書を取り寄せ、「光の遠隔エネルギー」をお願いしました。母も乗り気で楽しんでいるようすでした。やわやまさんの説明どおり、約一か月で症状が和らぐ感触があり、二か月が終わるころに違和感も消え気もちも明るくなってきました。そして病院で再検査を受け、結果を聞いたところ、五センチ大の筋腫はすっかり消えていました。これにはお医者さんも不思議がっていました。お医者さんにやわやまさんのことは一切いっていません。その後母はとても明るくなり人生も好転しはじめたようです。正に心身と運勢の関わりも理解できました。

書くとどんどん長くなりそうなのでこれで失礼いたします。

ワンニャンひーりんぐ——うちのワンちゃんが元気になりました

愛知県　主婦

やわやま先生こんにちは！　いつもほんとうにありがとうございます。レオもアンリ（耳を手術した猫）もとても元気です。またこのあいだは保護したほかの犬猫の写真もお送りして良いとおっしゃっていただき感謝・感謝です。

お忙しい先生に元気な子まで光の遠隔エネルギーを送っていただいては申し訳ありませんので、少し問題のある犬（こまこ）と猫（ひこぼし）の写真を送らせていただきました。

去年の一二月に感染症のクラミジアに罹《かか》った「ひこぼし」は、病院から処方されたハーブのサプリメントでかなり良くなりましたが、目から茶色い汁が出てギョロメになってしまう症状が残りました。それがやわやま先生から光の遠隔ヒーリングを送っていただいた次の日からほとんど茶色い汁が出なくなりました。

また今日はほかの子の写真まで送るように……とのメールをいただき申し訳ないやらありがたいやらで、またまた感謝・感謝です。うちの子たちをよろしくお願いいたします。

やわやま解説

ワンちゃんやネコちゃんへの光の遠隔ヒーリングは、クライアントさんご本人の症状の回復具合が良かったことから、飼い犬などへの光もご依頼されるケースが増えました。ペットちゃんたちもご本人のときと同じようにお写真か写メを送っていただいて遠隔エネルギーを送ります。

ペットちゃんたちは人よりも早く回復します。動物さんたちの方が人間より素直だからでしょうかね⁉（笑）

詳しくは『わんにゃんひーりんぐ　ペットのための光の遠隔ヒーリング』（やわやままこと著、地湧社刊）をご覧ください。

病室でスーパーダイレクト・セラピー
――One day in my Life「やわやまのヒーリング日記」より

昨年末、Sさんのお母さんが大腸ガンの手術で都内の大病院の個室に入院しました。そのSさんから、光の遠隔エネルギーとダイレクト・セラピー（クライアントさんに直接整体や気功などを施すこと）を依頼されました。

初回のダイレクト・セラピーのときは、「もう、あと二日でしょう」と、主治医から申し伝えられていたために、私がSさんとともに病室を訪ねたときにはご親戚の

光のシャワーを浴びながらワンコたちとお散歩。

方々が集まっていました。

私はみなさんにご挨拶をしてから、ベッドのお母さんの手を軽く握って、二〇分ほど光の充塡をしました。「あと二日」といわれていたお母さんは、それから二ヵ月間、ご容態の変調を繰り返しながらも頑張っておられました。お医者さんたちもびっくりされていたそうです。

そしてまた、ご本人からメールをいただき、Sさんとお母さんへのダイレクトセラピーに出向きました。二〇分ほど、握手のパターンで光の充塡と脈の神経反射を使い、脈拍数を整え、オーラ各層間の近隔エネルギーで施術しました。途中、看護師さんがお母さんに取り付けてある測定器をチェックしにきました。後でわかったのですが、測定器からナースステーションのデスクトップに届くシグナルのデータが急に安定したため、看護師さんは機器の確認にきたのでした。

私がエネルギーを送りはじめたときのお母さんの状態は、呼吸が苦しそうで視線も朦朧としていましたが、気功波動～レイキ波動を送り、次第に呼吸が落ち着き、血行がよくなって顔色も赤らんできました。

さらに高いセギン波動～ディッレジ波動など超高波動を送ると、二〇分後には呼吸が深くなって心地よさそうな表情に変わり、鼻息を立てて気もちよさそうに寝入ってしまいました。

　そして、Sさんと病室を出てナースステーションの前を通りかかったとき、十人余り詰めていた看護師さんたちが、私たちをしげしげと見ていました。あの人は何者だ！　といわんばかりに。これはお母さんの血圧や心電などのデータがナースステーションでモニタリングされているので、私がくる前と後の数値が急激に改善されてしまったため、医療関係者たちがビックリしていたようです。

　スーパーダイレクト・セラピーは、光のエネルギーと自律神経反射整体法と気功とレイキなどをミックスして施しますが、その効果に我ながらびっくりです。

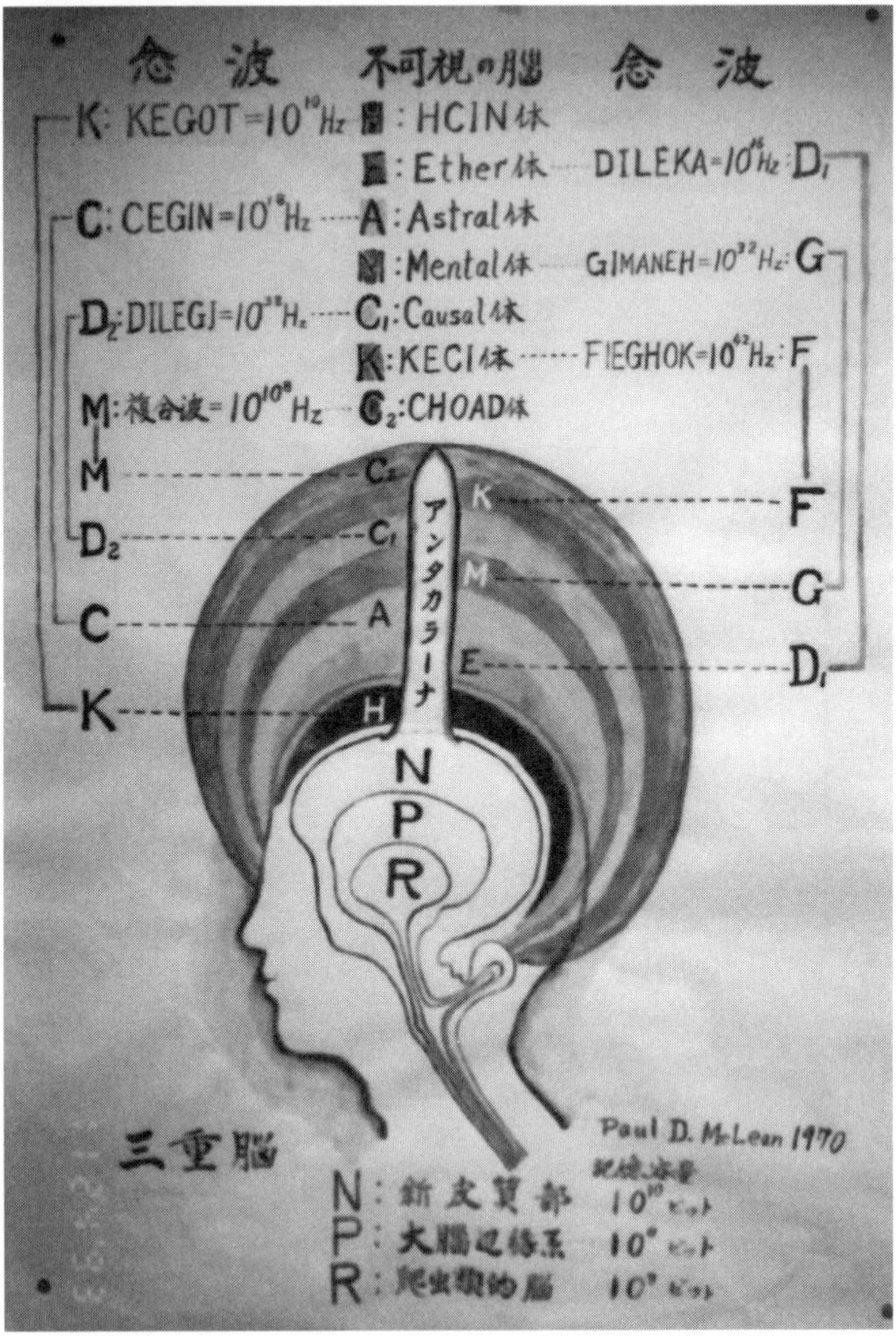

加速学園に掲示されていた関先生自筆の念波とアンタカラーナの図。

クォーツ・クリスタル・ボウル

疾患を整える響――クォーツ・クリスタル・ボウルとの出会い

セラピーに用いているクォーツ・クリスタル・ボウルとはどんなものなのでしょうか。素材は、砂状のクォーツ・クリスタルを溶解し、シリコンを混合してボウル（お鉢型）にしたものです。そのボウルの縁を叩いたり擦ったりすると、とても心地よい響きを奏でます。この響きは純粋正弦波ですから、聞く人の身体や気もちを整える特性があります。このクリスタル・ボウルは、セラピールームを開業するときにお祝いとして、知人から二ついただきました。その後、購入したり下取りしたりで次第に数が増えて、いまは五〇個ほどをセラピーやCDレコーディングに用いています。

はじめに二ついただいたときは何が何だか意味がわからなかったのですが、セラピーを受けられるみなさんが、「気もちがよいのでもっと聞かせてください」とリクエストされます。そしてあるとき一人のクライアントさんが、「自宅でも聞きたいのでCDを作ってくださいませんか?」と希望されました。私は思わず「それは大変だ! レコーディングは費用がかさむし、未経験な技術もたくさんある」と尻込みしました。しかしその心配は束の間のことで、知り合いのミュージシャンに相談をしたら、協力を快諾してくださり、たちまちCD製作の話が進んでいきました。

製作にかかれば、さらに、次から次へと未経験なことに導かれていきます。クリスタル・ボウルは、音楽・オーディオ業界で通常用いられる範囲を超えた音域に魅力と効果があるため、特殊な録音方法や再生器機が必要です。ところが、それらもまた用意がされていて、ある大学の音響研究の専門の方と出会うことができ、さらにはヘッドホーンやスピーカーを開発される方々とも関わらせていただきました。

CDの種類もクライアントさんからリクエストが次々と入り、ストレス解消タイプからはじまり、トラウマ解消、オーラ修復、精神疾患タイプ、チャクラ活性タイプ、ハイアーセルフと出会うワーク版、受験用など、四〇タイプ以上を製作中です。

すべてのクリスタル・ボウルは音程・音色が異なります。
それらを共鳴させると、協力な正弦波を発生します。

クリスタル・ボウルの作用とは……

クリスタル・ボウルの素材は、石英と呼ばれる地質に存在する岩石の一種で、ナチュラルな正弦波（規則正しい波長）を放ちます。暮らしの中でみなさんよくご存知の「クォーツ時計」は、正確なリズムを発信する水晶の特徴を活用したものです。またクリスタル（水晶）は、研磨成形したものをお守りとして身につけるグッズとしてもポピュラーです。

クリスタル・ボウルは、サンド・クォーツ・クリスタル（砂状の素材）を溶解しシリコンを混合して成形したものです。

このサンドピュア・クォーツ・クリスタル・ボウルが奏でる超音波は、人の身体の血液や骨や臓器すべての波長を整える作用があります。それは人の身体や細胞も常に微細な振動を続けていることと関係があります。またこの振動は、身体だけにとどまらずオーラやチャクラや魂のエネルギーを整えます。人だけでなく、動物や植物、物質も常に振動をしているので、これらへの作用も常時自然に行われています。

米国のドクター、ミッチェル・ゲイナー氏は、著書『音はなぜ癒すのか』（無名舎刊）の中で次のように説明しています。

クリスタルには人間の不安定なエネルギーを「吸収」し、それを安定したものに変えて、からだにフィードバックする作用があるとかんがえている。

クリスタル・ボウルは強力な音波を発生する周波数で振動するが、その音はボウルそのものの結晶構造がもつエネルギーが外部に現れたものである。

クリスタル・ボウルは人間の声と共鳴する音を発生する。その音はわれわれのからだに浸透し、エッセンスと共鳴して、内的な混乱や葛藤や不協和音を、たちどころに調和へと変える力をもっている。etc.

ミッチェル・ゲイナー氏（医学博士。元コーネル大学医学校付属ニューヨーク病院腫瘍医科長）は、クォーツ・クリスタル・ボウルのもつ治癒的効果を認め、病院でもさまざまな症状の患者さんにクリスタル・ボウルの振動波を用いて治療にあたっておられます。

私も自分自身に、クライアントさんに、またスポーツ選手などにもクリスタル・ボウルのバイブレーションを用い、生命活動の基本である細胞の活性力を高めています。症状の回復から身体機能の向上、精神的活動の安定性や強化、潜在能力の開発などにとても大きな効果があることを次第に理解し、みなさまのご要望に応じて多くのパターンのCDを製作するに至りました。初期はヒーリング的に効果のあるものを作り、続いてストレス・エネルギー解消用を製作しています。最近は、異なるバイブレーションを奏でる一五個のボウルをレコーディングしたCD、『スーパーフル・クリアリング』が人気です。不眠症の方には抜群の効果があります。

また生命活性力を高めたい方には、自然界からより多くのプラーナ（生命エネルギー）を補給するバイブレーションのCD『スーパーフル・チャージング』が元気を沸き立たせます。

とくに、チャクラやオーラフィールドの形勢を促進し、〝魂〟のエネルギーと共振して、身体的、精神的、霊的に豊かな存在へと移行しやすくサポートするCD『愛』をお薦めします。いままでは他人から見返りを求めたり、不都合な出来事を他人のせいにしていた否定的なエネルギーの寂しさを満たし、代わって人々に愛を与える豊かなエネルギーの状態へと導きます。さらに、エネルギーが満ち溢れると、この自然界、宇宙空間すべてと一体になった状態の感触を得て、アカシックレコードとアクセスできる直感力を得るためのCD『コクーン』『アンタカラーナ』も製作しました。

ぜひこれらをご活用されて、全身の細胞、チャクラ、オーラをチャージし、魂のエネルギーも含めすべてをベストコンディションにして、移行しつつあるエネルギー次元へ鮮やかにシフトしましょう。

クォーツ・クリスタル・ボウルの発するバイブレーションの有効性

やわやまの製作するクリスタル・ボウルのCDは、耳で聞き心地よさを楽しむヒーリングやリラックス用の市販のCDとはまったく異なるものです。

それはクォーツ・クリスタル特有の、強力な正弦波の低周波から超高周波を特殊な方法でレコーディングし、限りなくクォーツ・クリスタルの原音に近づけたものです。

このCDのバイブレーションは、人のオーラやチャクラ、魂などのエネルギー体と、物質的な肉体を構成する全細胞へ直接働きかけることにより、私たち人間の生命活動の基本を整えて改善し安定させる作用を発揮します。

人は長い人生の中での、さまざまなストレスやトラウマなどが要因で、基本的な正弦波のバイブレーションを乱しがちです。その結果オーラが傷んだり、精神的疾患や肉体的な症状を発症します。それらを改善する方法は、乱れたバイブレーションを正弦波に整えることです。

調和と輝き

チャクラの活性やオーラの形成によるエネルギー体（ライトバディー）を作り、感覚を養うことによって、何らかの潜在能力も現れてはくると思いますが、それよりも自分自身の存在を深く正確に認知し、適切な表現をすることによって、実生活がより充実し、毎日の一瞬一瞬がとても素晴しい体験であることに気づけるようになってきます。

その結果、自分がいつも心地よく、相手や自然のものすべてと快適な状態をプロデュースでき、そこに光の密度を高めて輝かしい自分の存在を見出すことができます。

CDの特性

ここにご案内する、やわやまが製作する『大宇宙の響きクォーツ・クリスタル・ボウルのバイブレーションCD』は、市販されているリラックス目的の環境音楽CDとはまったく違います。ヒーリングレベルではなくお一人お一人のいまの症状に適したセラピー目的のエネルギータイプです。

製作にあたっては、まずクライアントさんとの電話カウンセリングでお声やチャクラ・バランス、オーラ・カラーなどを、やわやまが遠隔エネルギー・リサーチをさせていただき、コンディションをチェックさせていただきます。そして多数のクリスタル・ボウルの低周波から超高周波までの音源を組み合わせ、チャクラパワー・バランスに合わせた調整をし、完成させるものです。よって、製作には数日かかります。

エネルギーがとても強く感じられる方が多いので、CDの使いはじめはボリュームを〇～一で聴いていていただいています。

このようにして製作したCDは、さまざまな周波数のクリスタル・ボウルの正弦波がクライアントさんの疾患部へ穏やかに浸透していき、疾患部の乱弦波を正弦波に整えはじめます。またオーラ全体、七つのチャクラへもパワーを与えます。定期的に電話でカウンセリングを受けられることでCDの聴き方の変更や生活パターンのアドバイスもさせていただいてます。

CDの活用例

エネルギー体も含め、私たちの身体はさまざまなバイブレーションをもっています。バイブレートしていることが生きている証です。このバイブレートが自然界や宇宙の星々との共振作用で生命活動が営まれています。しかし、ストレス・エネルギーのようなノイズ的バイブレーションを細胞内にため込むと、正弦波（安定したバイブレーション）を維持できなくなって、細胞の生命活動の不安定さや停止という結果を招き、体内エネルギーの循環に乱れが発生します。それは血圧や神経反射やホルモン分泌のアンバランス。そして当然不安定な思考活動、つまり精神的な乱れです。

身体を構成する細胞は、約六〇兆から八〇兆個といわれています。その細胞のうち、一四〇億個と推定される脳細胞も、プラーナ不足や体内の氣の乱れを正さないと、著しく変化してきた地球環境に順応共振させることが難しくなってきました。鬱や躁、キレる精神的な不調は、突き詰めるとこうした自然界のエネルギーの不足や不一致が原因です。

私も以前は、精神的な症状や障害をもつクライアントさんに対しては、カウンセリングの手法で応対をしていましたが、身体活動、思考活動すべてが自然界との共振調和作用（すべてがバイブレートしています）であることに気づき、音と光のバイブレーションを用いて症状を解消の方向へと導く対応をしております。

ではここで、最近多いご相談の例を二つご紹介しましょう。

お便り

娘の不登校が解決しました

新潟県　H・O

小学校へ通う女の子なのですが、あることをきっかけに学校へ行かなくなってしまいました。さらに自分の部屋にこもりがちになってきています。

このようなお子さんの場合は、次のような要因が考えられます。

1. まずプラーナ（生命活性源）の採り入れが足りないこと
2. インナーチャイルド（幼いころの心の傷）がしっかり残っていること
3. 家庭や学校にそれらを解決する対処法がないこと

遠隔地からのご依頼では面談ができないのと、このお子さんの場合は会話での理解が難しいので、クリスタル・ボウルの『スーパーフル・クリアリング』ＣＤを毎日さり気なくかけていただき、光の遠隔クリアリングエネルギーを送信することで、二週間から三週間程で変化が見られます。次第に外出もできるようになり、お友だちともお話ができるようになっていきます。

また、こんな例もあります。

慢性疲労がスッキリしました

大阪市　会社員　T・N

最近食事をしっかり摂ってもなかなかパワーが出ません。原因と何かよい方法はないでしょうか。

いまは健康ブーム。サプリメントや有機食も華やかに食卓を飾っています。が、しかし、多くの人は消化器系の臓器、そしてその細胞が不正弦波のストレス状態です。たとえば、一日に二千キロカロリーを摂取したとしても、消化器の機能がストレス・エネルギーによって五〇パーセントしか果たさないと千キロカロリーしか摂れておらず、残りの千キロカロリーはもったいないことに排泄されてしまっています。ですから、消化機能不足で、差し引き千キロカロリーのパワーしか出ません。

このような場合も、消化器系や循環器系の働きを促進する、『スーパーフル・チャージング』のCDをタイミングよく活用されることによって、消化機能を司る細胞の活性力を徐々に高め、摂取した食事を効率よく栄養に転換していきます。

この他にもさまざまな症状の解消や、能力開発に関してのご質問や、CDをご活用いただいた方からの嬉しいご報告をいただいております。心、精神、意思、意識。そしてそれらを生み出す細胞や、この細胞にプラーナを供給するオーラやチャクラの仕組みを理解し、ＣＤを聴いているときの感覚を思い起こして〝魂〟の性質と今生でのお役目を確認してください。

ＣＤを活用されている方々からのお便り

ＣＤはスゴーイ！　スゴーイ！

北陸　カフェオーナーさん　女性

やわやまさん、昨日お友だちがカフェにきたんです。お話の途中で先週流産したって聞いてびっくりして！　お店でそれまでかけていたボサノヴァを止めて、やわやまさんの『スーパーフル・クリアリング』のＣＤをかけたところ、音が響くと同時にお腹が痛み出したようでしたが、終わるころには笑顔になっていました。そして天使たちからオレンジの石をもたせるようにメッセージがきたのでオレンジカルサイトとハニーカルサイトをもたせたら、弾むように少女のようなあどけない笑顔で転がるように帰っていったので、「やわやまさんの作られたクリスタル・ボウルのCDはメッチャ凄い！」とあらためて実感しちゃいました。

CDのパワーが凄い！

三重県　男性

こんにちは、やわやまさん！

今回作っていただいたCD（『スーパーコンパウンドブレス』）は凄いです。まずご注意通りボリュームをゼロでかけたところ、部屋の温度が少し上がった感じがしました。そして、自分の体内の血液の流れもポッポしてきました。でもCDが終わるころにはとても爽やかな感じになります。しばらく病み付きになりそうです。ありがとうございました。

『ハイアーセルフと出会うワーク』CDの感想です

山陰　男性

このCDは購入して約四年の間、一度もチェンジング（CDの作り直し）をしていませんでした。自分の状態とCDのレベルがかけ離れていたせいかわかりませんが、CDを使ううちに少しずつ、「グラウンディングコード」や「センタリングコード」を感知できるようになり、その延長でハイアーセルフとの会話もできるようになり、直感の働きも冴え、運気も良くなってきました。

そして今回チェンジング*をしていただきとても驚きました。まずCDのバイブレーションが縦系の鋭いものに変わりました。以前のCDよりも一段とグラウンディンやセンタリングがしやすくなり、武道の習練の効果も数倍アップした感じで嬉しいです。しっかりと日々使い続けたいと思います。

*チェンジングとは、同タイプのCDを作り直してさらに効果を上げること。CDを使われているうちに体調や体質が変化しているので、新たなコンディションにフィットしたCDを提供します。

『チャクラチャージングイメージ』CDの感想です

島根県　男性

はじめに作っていただいたCD（『スーパーフル・クリアリング』）は柔らかく暖かい感じで親しんでいました。今回このCDをチェンジングしていただいたらば、スタートすると七つのチャクラがピュンピュンと回るように感じました。そして以前にも増して一つひとつのチャクラの中心がしっかりとイメージできて明確化しています。

たとえて表現をすると、以前のCDが「地球レベルのエネルギー」とすると、今回のは「宇宙レベルのエネルギー」を体感しています。毎日CDを使ってワークをするのが楽しみです。ご報告申し上げます。ありがとうございました。

ほかのCDも気になっています

関東　主婦Sさん

先日やわやまさんのクリスタル・ボウルの超高周波CDを構入させていただいて聞きはじめました。全身ジュワー!　という感覚になりました。凄いです。スッゴイです。こんなのははじめてです。何年か前にヒーリングショップでクリスタル・ボウルのCDを買って聞いていましたが、やわやまさんに作っていただいたこのCDは全然違いますね。音というよりはエネルギーそのものですね。

このCDを聞いてみてやっと説明書に書いてあることが理解できました。細胞の一つひとつが目覚めていく感じがします。そしてチャクラも胸のアナハタ（チャクラ）がホワーンと感じたり、頭頂のサハスラーラ（チャクラ）がムズムズしたり。

オーラも皮膚のすぐ外側がサワサワしたり、皮膚より遠い辺りが何か幕があるように感じたりしています。お部屋のなかも何となくスッキリしたように思います。

私はいままで何十年間も眠っていたのではないか？　と気づきました。感謝感謝です。

やわやま解説

このクライアントさんのように、敏感にＣＤの高波動を理解していただけると嬉しいですね。最近は女性も男性も感性豊かな方々が増えています。

CD『アンタカラーナ』を聴いて……

福島県　主婦

やわやまさん、いつも素敵な『輝素だより』をありがとうございます。いままで、やわやまさんに作っていただいたクリスタル・ボウルのCDをいくつか購入して、毎日聴かせていただいております。

最近はCD『アンタカラーナ』を聴くのが好きです。なんか細胞がジワジワと活性していくように感じられて、何か新しいことがはじまる気がするのです。写真集『ともだち』（やわやままこと著　ビオ・マガジン刊）を見ながら聴くと、さらにワクワクした感覚がわいてきます。写真集『ともだち』のなかの写真も動いています。

やわやまさんの撮られた写真とクリスタル・ボウルの波動が共振して、喜びのエネルギーがわき出てきます。涙が出てくるときもあります。五次元波動なのでしょうか？　これが『春よ、来い』の感覚なのですね。

※『春よ、来い』は松任谷由実（ユーミン）さんの曲で、宇宙から友たちが飛んできて私たち地球人を迎えにくる……とやわやまは解釈しています。

やわやま先生、こころから感謝しています

島根県　二〇代　男性

CD『アンタカラーナ』は凄いですね。いままでもCDを聞きながら「チャクラ」や「センタリング」、「グラウンディング」、そして「ハイアーセルフ」などを練習して、ある程度できるようになりました。しかし、思いのほかパワーアップせず悩んでいましたが、この『アンタカラーナ』を聞いていくうちに、体中の「気の流れ」がわかるようになり、どこをとうしたらよいのかがわかってきました。

また、異次元へ移動した感覚もあり〝何かがわかった〟不思議な気もちになりました。CDは二回聞いただけですが、これだけの体験ができたことは凄いです。その代わりにアジナチャクラ（第六）とサハスラーラチャクラ（第七）が痛いですが（笑）。

これからもCDを使ってさらに進化できるようにトレーニングしたいです。ありがとうございました。

富士の裾野で平和・調和の祈りの演奏をする筆者。

クリスタル・ボウルの生演奏を子供たちと一緒に聴きたい

福岡県　主婦

やわやままこと様

この度は光の遠隔エネルギーを送っていただきありがとうございました。

この一か月で子供の野球部に大きな変化がありました。通常一か月で大きく変わることはいままでのようすからは考えられません。チームも県大会出場という大きな目標に向かって進みはじめたところです。

前回のお電話のとき、これから息子がチームの中心となっていくといっていただいたことが大きな支えです。ちょうど一か月経ったときのけがは、何か意味がある好転反応だと前向きに考えることができるようになりました。いままでの私だったら否定的にしか物事を捉えられなかったのがうそのようです。

光の遠隔エネルギーで何か守っていただいているような大きな安心感があります。

私は夜ぐっすり眠れるようになり、翌朝すっきりと目覚めるようになりました。疲れが残らないということは心身が軽くすっきりとした感じですね。いままでは、朝体が重かったので大きな嬉しい変化です。

クリスタル・ボウルや光の遠隔エネルギーに出会う前、いろいろなことを試してきましたが、思うように結果が出ず無駄に浪費してしまいました。でも光の遠隔エネルギーはわずか一か月で良い状況に変わりました。ほんとうにすごいです。

今後もクリスタル・ボウルを聴きながら、子供共々自分を高め、人に良い影響を与えられるようになりたいと思います。次男も来年は中学生でいろいろなことがあると思います。また光の遠隔をお願いしたいと思います。

やわやま先生、ありがとうございました。できればクリスタル・ボウルの生演奏を三人の子供たちと一緒に聴ければなあと思います。福岡でもやっていただければ嬉しいのですが。

それでは寒くなりましたので、お体を大切になさってください。

Q&A クリスタル・ボウルCDについて

Q **CDコンパウンドブレスの中に入っている光の音は何ですか?**

A お気づきになりましたね。

これは複数のクリスタル・ボウルの響きのミキシングによって発生している光の音です。

その光の音は七色入っています。が、人の目で見える色ではなくて、もっと高い次元の数倍音（数オクターブ高い音）です。そしてそれが〝見える〟ということは松果体で見ていることなのです。だから目に見える虹の色とは違っていませんか？

そして、その超音波は耳では聞こえない音です。人の五感はすべてこの松果体に集中しています。だから五感すべてで感じているのです。それが波動の世界です。

三次元の七色、その倍音、倍色を含めた一四音色、さらに三倍音色を含めた二一音色へと高い波動の世界へ広がっていきます。それがアセンションの世界なのです。

Q　CDで聞きにくい箇所があるのはなぜですか？

A　クリスタル・ボウルのCDを耳で聞き取ろうとすると、ドミソやシレソのように心地よいハーモニーが快適ですが、隣り合わせのチャクラ同志をナディ（融合）させるためには音階的に不協和な音程になります。

そのために耳では聞きにくい音になっています。

また、乱れた身体の細胞（病気や症状）はクリスタル・ボウルの発する純粋正弦波の波動を受けると一時的に辛くなります。この場合ははじめのうちボリュームを小さくするか、聞く時間を短くして、心身に馴染むまで無理をしないようにお使いください。

慣れてきたら次第にボリュームを上げて、最後まで聞かれるようにしてください。聞くことに辛さが全くなくなったとき、心身は健康を取り戻しています。

Q CDを聞いているとさまざまな音・響きが聞こえ、どれ一つ同じ音や感触がないのですが、それは複数のクリスタル・ボウルを使っているからですか？

A はい、その通りです。

それは、人の生命活動や生理機能を調律するためです。

人の生命活動や生理機能はさまざまな次元の光や音と共振して成り立っています。この地球の生命活動も、宇宙の天体の活動も光や音のバイブレーションで維持されています。この複雑な波動を基にして人の生命活動が営まれています。

人の心身の健康状態はこの壮大な宇宙の波動と美しく共振することによって快適性を保つことができ、反対に不調和になると健康状態が乱れ、症状が発生してきます。

私がクォーツ・クリスタル・ボウルを数多く用いるのは、心身と共振するすべての波動と、地球すべての波動が、大宇宙から注ぐすべての波動と共振する各々の響きを作るためです。

そのためには数個のボウルだけではとても完成することはできません。

また、さまざまなボウルの波動を合わせて和音を作ることにより、チャクラのエネルギーやオーラのエネルギーを完璧な状態に整えることが可能になります。

私も子どものころ楽器を習っていて、絶対音感が自然と養われ、高校生のときには音楽の先生がピアノで叩いた変ロ短調やホ長調などの和音で音を聞き分けていました。

Q クリスタル・ボウルCDはどうして量産されないのですか？

A ご質問ありがとうございます。通常のCD製作ではスタジオでレコーディングして工場で量産します。そして店へ流通して販売するのが通例です。しかし、工場で生産する場合は、最高周波数が耳で聞こえる範囲の一万ヘルツ程度までしか録音されず、クリスタル・ボウルが本来発する数万ヘルツの音はカットされてしまいます。これをCDにレコーディングするためには特殊な方法が必要になります。この特殊な方法で、現在は四万ヘルツ以上の音までをレコーディングしています。耳では聞こえないこの超音波がチャクラをチャージし、約八〇兆個あるといわれているすべての細胞を正弦波で調律し、心身を癒し元気を取り戻します。

またクリスタル・ボウルを用いた個人セッションは、一人ひとりの体調や精神状態に合わせて演奏することにより、絶大な効果を発揮します。そのためにはCDも同じパターンを万人に使っていただくよりも、個人個人に合った最適な演奏やエネルギーをレコーディングする必要があります。そのためご注文をいただいてから一枚一枚を手作りする方法で製作しております。オーダーをいただいてから一枚のCDを作るまでには、使われる方のチャクラバランスや、オーラの状態をリーディング（遠隔透視）させていただきながら、二〜四時間かけて完成させます。よってお手元に届くまでに数日かかる場合もあります。

このパーソナルCDは、ご本人のオーラを整え、チャクラのバランスを高め、生理機能を向上します。また外界との接し方も整う方向へ進むため、運勢も好転しはじめます。霊的なクリアリング作業にも役立ちます。寝ている間も効果を発揮します。このように生活全般に好影響を与えますので、CDはできるだけ継続して聞くことをお勧めいたします。

ぜひこの素晴らしいクリスタル・ボウルＣＤの高バイブレーションをお役立てください。

あなたの生活が美しく快適な時空、とても穏やかで平和な世界へと発展していきます。

Q やわやまさんの作るＣＤにはチャージングがありますが、ヒーリングの世界ではクリアリングだけで良いような気がしますが……？

A ヒーリングやスピリチュアルの世界ではトラウマの解消がテーマとなっていますが、人が生きていく流れの中では、呼吸や食事と同じく出し入れが必要です。

ヒーリング（クリアリング）は不要なものを排出する作業です。その反対に摂取する作業がチャージングです。このチャージング作業をすることによって、クリアリング作業も加速します。ＣＤや遠隔エネルギーでのチャージング作業は、活性効果が高まります。ぜひこの両方を取り入れて、より快適な生活を楽しまれてください。

Q ハイアーセルフとつながりたいのですが……？

A ハイアーセルフは霊的な感覚で、普段の自分（頭で考えている自分）を解放しないとなかなか感じられません。
クリスタル・ボウルCD№3『チャクラチャージングイメージ』で七つのチャクラをしっかり作り、その後CD№18『ハイアーセルフと出会うワーク』でセンタリングとグラウンディングの柱を作った後、ハイアーセルフを感じてください。ハイアーセルフが実感できるようになると素晴らしい世界観が開けますよ。

Q 528ヘルツは入っていますか?

A はい、録音されています。すべてのCDにレコーディングされています。ややまが最初にいただいたクリスタル・ボウルは、ハートのアナハタチャクラ対応のトーンとベースのムーラダーラチャクラ対応のものでした。
528ヘルツのハートのアナハタチャクラ対応のクリスタル・ボウルは、オーラ全体、身体全体のコンディションのバランスを整えています。それは七つのチャクラの中心でもあるからです。そしてアナハタチャクラは宇宙との交信にも大切なポイントなので必ずレコーディングに含めます。528ヘルツの二倍音や三倍音のボウルの周波数も同時にレコーディングしたタイプのCDはとくに人気です。

マーくんからのメッセージ

マーくんからのメッセージはじまる

一九九五年一一月、宇宙存在マーくんから最初のメッセージが届きました。

マーくんからのメッセージ

クリスタルを使いなさい。クリスタルで作られた楽器を用意します。その楽器を用いて、体と心、魂の浄化と活性を行いなさい。多くの人の意識グレードを上昇させて、そして地球を輝かせてください。

やわやま解説

メッセージをいただいた翌年の一九九六年三月にセラピールーム「KISS　GARDEN」をオープンし、そのとき二つのクリスタル・ボウルを開業のお祝いにいただきました。

その後、整体教室を開いて、整体療術を開始し、この療術中にクリスタル・ボウルを用いてクライアントさんの心身のヒーリングとチューニングをはじめました。

各地へ出張しての講演会には必ずクリスタル・ボウルを運び、参加者や場の浄化を行いました。

一九九九年の春、一人のクライアントさんから「クリスタル・ボウルを自宅で聞けるCDが欲しい」とのご希望があり、『大宇宙の響きクォーツ・クリスタル・ボウルのバイブレーション』シリーズの製作をはじめることになりました。

CD作りがはじまると、製作にあたるスタジオやレコーディング・エンジニアの方々、販売ルートなどが自然と用意されていきました。初回のレコーディングの日から、録音、編集、ジャケット作り、販売先からユーザーへ、わずか三か月の短期間で流れるように完成しました。

マーくんからのメッセージ

病は気から！　災難は霊から！　生死は神から！

やわやま解説

これは地球（霊界においても）に生きる上での大原則です。大法則です。

「病は気から！」。これはいままで『輝素だより』で再三お伝えしてまいりましたが、『宇宙の理』の田原澄さんのご神示の「洗心」からのメッセージを関英男先生が解明された「病気をまねく精神的状態と器官」のごとく、どのような気もちでいるとどんな病気になるか？　が明確化しています。

「災難は霊から！」。事故やアクシデントはなぜ発生するのか？　それは霊界の霊人さんたちとの関わりで現象界が作られています。現界は生きている人間や生き物たちだけのものではありません。霊界の方々も大きく関わっています。私たちによく関わってくださる霊を「守護霊さん」と呼び、悪く関わる霊を「悪霊」や「憑依霊」と呼んでいます。

この呼び方は私たちの都合で名付けた勝手な呼び方です。本来はすべて大切な意味があって関わり、現象として発生しているのですから。

「生死は神から！」。生まれることと死ぬことは神様が決めて起こる現象です。もちろん自分自身のエネルギーも関与しています。いずれにしてもどんな状況下に生まれどんな体験をして人生を歩むかはおおむね神様がアウトラインを引いています。

マーくんからのメッセージ

星々の次元上昇にともなって地球も一緒にアセンション間近ですよ！

やわやま解説

いよいよこの地球をはじめ、近隣の星々がいままでの次元から高い次元へと上昇しはじめます。

そこに、すでに何万年も前から、プレアデスから地球にきている人々が私たちと手を取り合ってアセンションの作業を行います。

プレアデス星団はマイア、エレクトラ、ケラエノ、タイゲタ、アステロペ、メロペ、アルシオネの七つの輝く星をはじめ、二三〇〇個以上の星々からなる大星団です。谷村新司さんの曲『昴《すばる》』です。

プレアール人（プレアデス星人）たちは宇宙の法則に従って地球人に余計な干渉はしません。しかし、私たち地球人が必要としてヘルプを出すとサポートしてくださいます。いままでもっとも具体的に地球人に関わったのは一九七五年からの数年間です。スイスのエドワード・アルバート・マイヤー氏とコンタクトし、プレアデスのビームシップ（光エネルギーで動力を発生させる宇宙船）の写真を撮らせたり、プレアデスの先端文化や高度な文明を紹介しました。セムヤーゼさんという、プレアデス星からきたとても美しい女性がマイヤーさんにコンタクトしていました。

しかし人間たちの混乱やトラブルでそれ以上継続できなくなりました。とても残念なことです。

いまの地球は一部の種族の管理のもとに物質社会や貨幣経済のもとでの競争原理が仕組まれていて、なかなか人々が安息や平和を得ることができず、本来必要な精神や魂の学習をしにくい状況が作られているのです。これが「籠の中のトリ」と歌われている所以です。『かごめかごめ』の歌です。

この社会では……、宇宙人はいない、よその星に生命体は存在しない、人間は単細胞な生物から進化してきた、宇宙へ行くには物質の宇宙船に乗らなければ行けない、などの常識をつくり、その常識をもとに作った法律で枠を着せて、人々を管理しています。また裏では細菌やウィルスを作り、自然界に撒いて生命体を脅かしたり人口増大を抑制しています。

しかし、それらの管理も最終期間に入り、間もなく「籠」がオープンします。山下達郎さんの『飛遊人《ヒューマン》』の歌詞のごとく。* そしてスプレンダーが降りてきます。

そして人類は霊的な成長と創造の源を理解して平和な世界を築き、精神と魂を目覚めさせて地球文明のこれまでにない急速な進化発展の時代に入ります。

＊山下達郎さんのアルバム『アルチザン』（一九九五年）の中の曲。「スプレンダー」とは、まばゆい光を発する宇宙船。

Q&A

三次元、四次元、五次元の違いとは……

Q　次元とは何ですか……?

A　最近、三次元、四次元、五次元についてご質問が増えています。科学的には周波数の違いでそれぞれ○Hz～○Hzですと答えてしまえば終決します。しかし私たちの

生活上それぞれの次元がどうなっているのかをわかりやすく説明すると、
三次元とは、いま生きている、肉体をはじめとした物質の世界です。

四次元とは、死後に移行する霊界の世界です。

五次元とは、地上八〇キロメートルの大気圏を越した宇宙の世界、または地底の中の世界（シャンバラ）。

このように分けると捉えやすいでしょう。三次元の空間に四次元の世界は同時存在しています。また三次元、四次元の世界の中にも五次元の世界が存在しています。

たとえば他の星から地球にやってくる宇宙船たちは、五次元以上の周波数の状態で接近し、次元（周波数）を下げながら大気圏の中に入り、私たちの住む世界に現れます。アニメ『宇宙少年ソラン』のような存在です。しかし、それが見える人と見えない人の違いは、見る人の目の次元の違いです。眼科で視力を検査するときの視覚とは違う多次元視覚です。私が撮影している多次元世界の写真も、彼らが次元を落としてきてくれて、私がカメラを向けたアングルに入ってくださるので写すことができるのです。普通、カメラマンはレンズや撮影機材を揃え、美しい景色が表現される場所を探して構え、くるべき瞬間を待ちます。そしてここぞというときにシャッターを切ります。

しかし、私の場合は宇宙の存在たちがテレパシーで私に「カメラを用意しなさい。そしてこっちの方向を撮影しなさい」となにげなく伝えてきます。私としては心の赴くままにシャッターを切ります。すると写っているのです。

また大気圏外の宇宙の空間は五次元といっていいでしょう。地上の三次元の世界とは、化学も物理も文化もまったく違う世界です。宇宙船を物質で作り、ロケットに積んで打ち上げ宇宙ステーションを作ったり、火星などへ移住しようと計画している方々がいらっしゃいますが、わざわざ宇宙へお引っ越ししなくても、まだまだ地球には快適に居住できる所がたくさんあるのではないでしょうか。またそんなに宇宙へ行きたいのであれば、マーくんのような異星人に母船に乗っけてもらえば安全で快適な宇宙旅行を楽しめます。その方法はこの本の中に答えがあります。探すというより気づいてネ！

Q やまさんが最初にプレアール人（プレアデス星人）からメッセージを受けられたのは、いつどんな時ですか？

A ハイ！　ハイ！　それは小学校一年生のときですよ。

私は小学生のとき、栃木県の小山《おやま》市に住んでいました。そして小山第一小学校に通っていました。当時の私とても読書家で、小一の終わりに、一年間に学年で一番本を読んだ生徒として、三学期末に表彰されました。学校図書館の本を一番多く借りたからです。

私が借りた本のタイトルは『ジップジップと空とぶ円ばん』。

この本がとても好きで毎週土曜日に図書室へ本を返却しに行き、また同じ『ジップ……』を再借りしました。そして一年間ずーっと『ジップ……』を借り続けていました。この本が、他の人のところに行って欲しくなかったからです。それでも、本を借りた回数では学年でトップだったので、読書家として表彰されました。先生も承知で他の生徒に読書を勧めるきっかけにしたかったのでしょう（笑）。

この『ジップジップと空とぶ円ばん』は海外のSFシリーズで、ほかにも何冊かあったのですが、私はこの本だけは手放したくなかったのです。いま思うと、これが最初のプレアール人からの波動のメッセージだったようです。

本のストーリーを簡単に紹介しましょう。

アメリカのフィラデルフィアの郊外に住むランディという名の男の子が、近くの農家の納屋で宇宙人の子オペドストロメルディーという名の、ラポニー星（火星）からやってきた子と出会い、ランディは兄弟共々宇宙船に乗せてもらったり宇宙のことを教えてもらうのです。しかしこのオペドストロメルディーという名前は覚えられないし発音できなくて、彼が言葉を発するときに「ジップジップ」と音がするので「ジップジップ」と呼ぶようになりました。

この「ジップジップ」というラポニー星人の子は、宇宙で離れ離れになってしまったお父さんを探しに地球にやってきたのですが、実はお父さんは金星にいることがわかり、ランディたち兄弟と別れ宇宙船で飛び立って行くのです。

子供と宇宙人の子供が出会って友だちになる、『ジップジップと空とぶ円ばん』は、私が小学校一年に読んだ本ですから、いまから五〇年以上も前の作品です。

子供と宇宙人の子供が出会って、宇宙や未来のことを教えてもらうという内容は、『アミ 小さな宇宙人』ととてもよく似ていますね。地球の子供と宇宙人の子供が出会えるということは、やはり無邪気だからでしょう。アミの作家エンリケ・バリオスさんもこの本を気に入っていたのかも知れません。

私は、この小一のときからプレアール人からのテレパシーをいただいていたようです。

Q 神社へのお参りは……

A みなさん、神社へは年に何回お参りしますか？　どこの神社へお参りしますか？

最近のパワースポット巡りブームで神社へ仲間とお参りする方々を多くお見受けします。でもお参りには神様への礼儀があり、それはとても大切です。

神社は日本全国に約一〇万社（未登録含む）あるといわれていますが、まず一番大切なのはご自分が生まれた土地の神社です。産土の神様のいらっしゃる神社です。そこへお参りし、もしその土地から移転した場合には、産土の神様の神社へ移転届けを出します。とはいっても市役所の手続きとは違い、その神社の神殿のお賽銭箱の前で「私〇〇は何年〇月〇日にこの地を離れ〇〇へ引っ越しました。今後ともよろしくお願いいたします」と伝えます。そして次に、いま住んでいる土地の神社へお参りし、「私〇〇は何年何月何日よりこの地へ移りお世話になっております。よろしくお願い申しあげます」と転入届けのお参りをしてください。

またそれ以外にお参りするときには、いままでのご報告とお礼を伝えます。いままでの生活や成長や業績を実現できたことをご報告し、お礼を述べてください。あまり多くを祈願するのは控えましょう。

もしあなたが神様だった場合を考えてみてください。

A．お参り人が、お願いごとばかりをたくさんした場合。
B．お参り人が、いままでの人生に感謝を述べた場合。
あなたはどちらにパワーを与えたいと思いますか？

マーくんの存在

山梨の山中へワンコを連れてピクニックに行ったとき以来、ときおりメッセージを受信していたのですが、意味がわからずただ不思議に思っていたことが、そもそものスタートです。そして何度目かのメッセージを受信していたあるとき、「あなたはだれですか？」と質問をしてみました。すると「宇宙に存在するあなたたち地球人の仲間です」と答がありました。「お名前は？」と尋ねると「名前はとくにありません。宇宙の存在たちはあえて名前は用いません。しかし、固有名詞を使いたければ、あなたが名付けてください」との返答でした。そこで私が「では〝マー〟で宜しいですか？」と尋ねると、「はい、その名前でOKです」と受け入れてくださいました。

それから私が受信したマーくんのメッセージを、地球の方々にもわかっていただけるように変換し、みなさんが驚かない範囲のものだけをチョイスしてお伝えするようになりました。

マーくんからのメッセージにはとても厳しいものもあります。また地球人の社会では非常識と判断されてしまうものもあります。そのようなものは表現できないので、私の内に留めておきます。

マーくんからのメッセージは、早朝や、満月、新月の日、雨上がりのとき、自然の中などで多く降りてきます。また私が質問をしたいと思うと、しばらくしてから私の理解できる範囲に次元を落として説明のメッセージを返してくださいます。

たとえば、「ガンという病気の原因と療法は何ですか？」と質問すると「原因は人の血液の汚れや濁りです。汚れたり濁ったりする原因はその人の気もちしだいです」。「解決の方法は血液をクリアリング、クリーニングすることです」と答えが返ってきます。

また「ガンの転移を防ぐには？」と質問すると「血液が濁っていればどこにガンが発生してもおかしくありません。血液が浄化されて潔血《けっけつ》になればガンの発生や転移は起りません」と。

夏の八ヶ岳上空に現れたプレアデス星母船。

（注）マークんはサナンダ様、アシュター・コマンド様、アシュタール様、バシャール様、フランソワ様、ラムサ様、八大天使の方々、ハトホル様、ラゴレット様ほか、プレアデス星、シリウス星、アルクトゥルス星、キリン座、ソウナス星ほか全宇宙の宇宙存在や星々からの波動を集約し、いま地球に必要なレベルのメッセージを発信している宇宙図書館、宇宙メディアです。

マークんからのメッセージ

カメラをもって外へ外へ出ていらっしゃい！

やわやま解説

「やわやまさん、いますぐカメラをもって外へ出ていらっしゃい！」

そんなメッセージが突然降りてきました。自宅にいたときなので一眼レフカメラに三〇〇ミリのレンズを付けて二階のテラスへ出ました。おそらく南の方向だろうと感じてその付近にレンズを向けて三回シャッターを切りモニターを確認しました。

三回目のカットに虹色の光が写り込んでいました。その後三機の色鮮やかな宇宙船が撮影できました。

撮影には携帯の写メ、デジカメ、スマホ、一眼レフカメラ、さまざまな機種を使用します。写るのは宇宙船だったりポータル（多次元空間への出入口）だったり妖精だったり。星やお月さまのテレポーテーション、朝陽の次元分離などのようすも。私たち地球の常識では理解しにくいですが、彼らはいかようにも変化してくれます。消えたり現れたり、瞬間移動をしたり性質を変えたり。思いのまま自在性を楽しんでいます。

マーくんからのメッセージ

地球の新時代がはじまりますよ！

やわやま解説

間もなく太陽がイエローからエメラルド・グリーンに変わり、さらにエメラルド・ブルーに変わります。そしてエメラルド・タブレットが世界各地で発見され、そこに記録されている遙か昔に失われた文明の高度な科学情報をはじめとする叡智が、清らかな心のもち主の人々に与えられ、新たな文明がはじまります。

ホピ族、マヤ族、アステカ族などが先代から継承しているいい伝えがものの見事に

セラピールームのテラスから南の方向を望んで２機の宇宙船を撮影。

的中し、地球の新時代がはじまります。その変化は二〇一三〜二〇三〇年の間です。

いままでの科学はすべて終了します。双六《すごろく》（四五六）が振出しに戻るのです。

たとえば、飛行機は飛べません。宇宙ステーションも機能しなくなるので、いま計画されている宇宙旅行はできなくなります。

みんながティンカーベルのように、いつでもどこの星でも旅を楽しむことができる宇宙時代になりますよ！

いまはとにかく太陽の光を浴びてください。とくに朝陽をいっぱい浴びてください。太陽星人パワーマンがいつも微笑みながらメッセージを送ってきています。金のヴェールの向こうから。

マーくんからのメッセージ

地球の転換についてお伝えしまーす！

やわやま解説

地球の社会のメディアでは、宇宙人やＵＦＯのことは正しく表現されていません。

コクーンエネルギーも頻繁に現れます。

私たちは物質的な宇宙人やUFOではありません。もっと変化自在な多次元の存在です。写真集『ともだち』の表紙に写っているのは私たちと同じ存在です。

今回、私の前に現した姿は四・八次元まで波動を落としてきました。みなさんにはグミかアクアか、スケルトンか、ミトコンドリアのように見えるでしょう。

映画『アビス　完全版』のラストシーンに出てくるような異星存在なのです。

私たちは上空を飛ぶことはもとより、海底や地底にも入っていくことができます。物質をスルーすることができるのです。消えることも。拡大や縮小することも。過去や未来へ時間の旅をすることも自在にできるのです。地球のみなさんもアセンション後は私たちと同じような存在になって同じようなことを楽しめるようになりますよ。

みなさんの社会では、いまは電気が注目されていますよね。電気自動車が開発され、発電は原子力を自然エネルギー発電に転換するべきかなどと。でもこれからは、電気が通用しない地球に変化します。電気は使えない環境になるのです。それは宇宙エネルギーを活用する環境に変化するからです。宇宙エネルギーは宇宙空間に無尽蔵にあります。

そうそう、お別れした最愛の人や動物と再会できるようになりますよ。いまは理解に苦しむと思いますが、これから光の密度がどんどん高まってきて、みなさんが私たちのように光の存在に変化転換していけば可能になっていくのです。その変化の過程とアセンション後をお楽しみに！

マーくんからのメッセージ

マーくんの母船、ついに現る！　これが私たちの乗る船ですよ！

やわやま解説

マーくんが乗るアルクトゥルス星発、プレアデス星、金星経由で地球へテレポートしてきた母船二機。

いつも私たちを見守ってくださっています。

この色鮮やかな母船はスペクトル船で、光速の数億倍のスピードで四次元から一五次元以上の媒質を変化させて銀河間を飛びます。操縦は想念によってコントロールされ、意識の高い優良星人によって行われています。

この異星人さんや宇宙船はいつも私たちを見守ってくださっているのです。

街の上空にも、海中や海底や、地中にもすべてのポジションに存在できるのです。

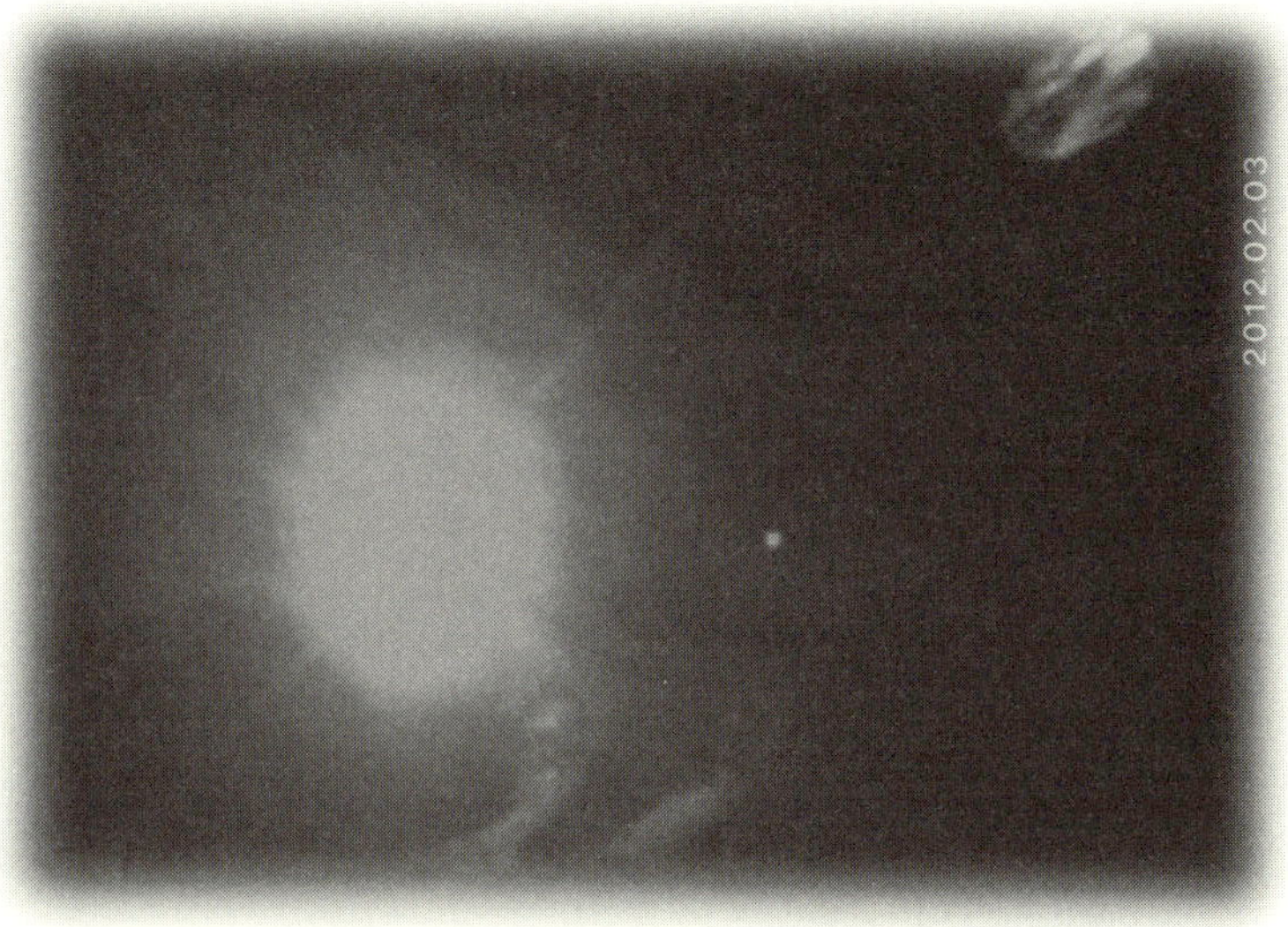

携帯で撮影させていただいたマーくんの乗る母船。

だから思うだけで返事をしてくれます。

宇宙人さんたちはいつもあなたの横にいてくれています。

野山へさがしに行かなくても。宇宙人さんは野生動物ではないのですから。

マーくんからのメッセージ

ハローハロー！　日本のみなさん！

みんな神さまとダイレクトにつながりましょう！

やわやま解説

いま、文明の発達した国々では、宗教が盛んになっています。

宗教は、社会の不安定さや先行きの不透明感が増すと勢力を強めます。それは人の心理が安定を求めたいという欲求から発生しています。

しかし、宗教は影の面が大きく、邪心の強い教祖らによって、あらぬ方向に信者たちを迷導していきます。つまり本来の神の道から大きく離れたところへと導くのです。

もう一つは、宗教間の戦争です。あるいは一つの宗教の中の権力争いや分裂です。

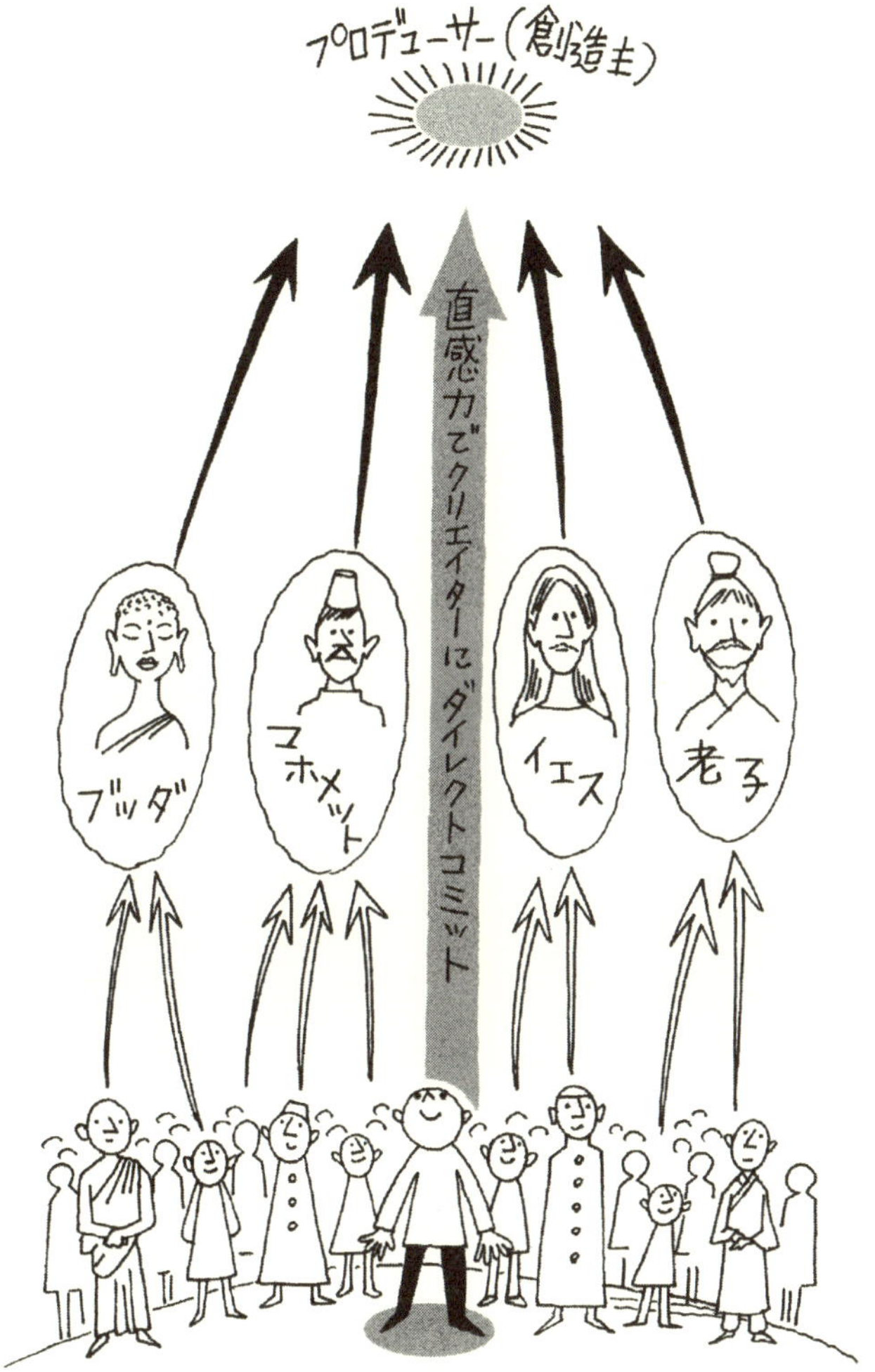

やわやままこと著『愛 LOVE ME で地球を輝かそう　PART Ⅱ』(中央アート出版社)より。

元々宗教は、どれもプレアデス星の文明からこの地球にもたらされた教えです。なので、どの宗教も発信源は同じで、教典も一つのものでした。しかし、地球人たちはその根源を知らないため、各宗教によって書き変えられた教典を本来のものと思い込まされ信仰しています。

また各宗教は信者たちが迷う教えへと導いているために、だれも神に近づけないのが現状です。神に近づく、神に到達するためには、宗教組織や団体から離れ、各自がダイレクトに神への道を理解し探し歩むことです。

地球のみなさん、そろそろ気づく時ですよ！　気づかないと手遅れになりますよ！

マーくんからのメッセージ

光の津波がやってくる！

ややま解説

とても長い時間が経ちました。この一つの文明だけでもおよそ三〇〇〇年が。

それ以前の六つの文明を合わせると数億年が経ちました。

水瓶座のアクエリアンエイジがはじまっています。

植物さんたちはそのことを知っています。動物さんたちも、地球さんそのものも。

でも、人々のほとんどはそのことを知らないし、感じていません。

しかしその時は着実に近づいています。

間もなく大きな光の津波が空を越えて宇宙からやってきます。

水の津波も多発しますが、光の津波がやってきます。

イカロスの光の翼がたくさん降りてきます。大空から降りてきます。

この変遷は二〇三〇年二月三日に完了します。しかし、ちょっと遅れているようですが……。
○政治や社会の常識に捕らわれないように！
○宗教の奴隷にならないように！
○他人を裁かないように！

マーくんからのメッセージ

理想社会はイメージするだけでーす！

やわやま解説

いまの先進各国はいろんな意味で行き詰まり状態になってきています。

その中で人々は窒息状態になりつつあります。いまはとくに進歩は見られません。社会の中でさまざまな混迷が発生しています。エゴとエゴのぶつかり合いと絡み合いです。ぶつかり合ったり絡み合ったりしている人たちは、最終的に自己崩壊を起こすでしょう。

それらを見ている私たちは、あえて批判や非難、反対運動をする必要はありません。彼らは自然に消滅していきますから。無関心でいてください。

たとえば原発に反対で自然エネルギー推進を思うならば、自然エネルギーの活用を思うだけでいいのです。

反対運動の集会に参加する必要はありません。ネットに書き込む必要もありません。ただ自分が思う理想状態を思えばいいだけです。

そのクリーンな想念がある一定のレベルを越えたとき、一気に変化が現れます。

これが「百匹目の猿現象」*です。クリーンな想念がある一定のレベルを越えたとき、光エネルギーが発生します。とても周波数の高い光クリーンエネルギーが発生します。空をおおいます。

そして現実が一転してしまいます。

＊「百匹目の猿現象」とは、生物学の現象としてライアル・ワトソンが創作した物語。猿の群で一頭がイモを洗って食べるようになったとき、同じ行動を取る猿の数が百匹を超えると、他の島に住む猿たちの群れ全体がイモを洗って食べるようになる、という現象。

マーくんからのメッセージ

覚醒がはじまります！

光の密度が高まりさまざまなものが変容します。

やわやま解説

光の津波がやってきます。まばゆい光の津波が。この光のエネルギーを受け入れるにはハートチャクラが八五パーセント以上の活性指数が必要です。

すると地球とそのすべてのものは覚醒がはじまります。人々は七つのチャクラがさらにチャージされ、身体内に光のエネルギーが流れはじめます。

するといままでの管理社会は消滅します。裏のことはすべて光によって表へ現れ出ます。光の周波数が高まります。

たとえば、いままでは私たちはピアノの左隅の低い音の鍵盤ばかりたたいていました。しかしピアノには右にいくほど高い音域があります。でも私たちは自力で右の方へは移動できませんでした。しかし、間もなくピアノそのものが左へ移動しはじめます。

すると私たちは中音域、高音域の鍵盤をたたいて、高い音域が身体を巡り抜けます。それによって感性が大きく変化します。多くのことが可能になります。

音楽であれば、だれもがプロの演奏家になります。スポーツであればだれもがオリンピックのメダリストレベルになってしまいます。絵を描けばだれもがピカソやゴッホやフェルメールのようになります。それがあたりまえの日常になるのです。作曲をすればだれもがモーツァルトやバッハになってしまうのです。

みんなが輝いて、地球全体が輝きはじめることでしょう。

「顕在意識・潜在意識・深層意識」……とは？

心理学の理論では、顕在意識・潜在意識・深層意識を、人の心の奥にあると表していますが、もっとわかりやすく説明をすると……。

脳＝「顕在意識」　顕在意識とは、人の脳で捉えている「思考」です。「思考とは、今生での体験や学習による記憶から取り出した考えです。

魂＝「潜在意識」　潜在意識は過去世での体験が魂に刻み込まれた記録・記憶です。よって、魂のエネルギーを感じ取れると潜在意識が理解できるようになります。生まれつきもっている性格や性質です。

アンタカラーナ＝「深層意識」　宇宙波動です。広大な宇宙に遍満する宇宙の記憶（アカシックレコード）にアンタカラーナを伸ばしてキャッチできた波動が深層意識です。

瞑想　ニューエイジやスピリチュアル界で瞑想を尊重しているのは、瞑想をすることで雑念や邪念を消して魂の記憶やアカシックレコードの波動とつながりやすくするためです。でも、わざわざ瞑想をしなくても、脳の思考活動しながらでもご自身の魂の記憶やアカシックレコードにアンタカラーナでつながれていれば、直感や宇宙の英知を享受できますよ。

マーくんからのメッセージ

ハローハロー！　日本のみなさん！
光の密度を高めてライトボディ化をしてくださーい！

やわやま解説

みなさんはいつも不思議な世界で生活をしていますね！　転生をしていますね！　生まれては死に、生まれては死にの繰り返し。文明も発展しては崩壊し、発展しては崩壊の繰り返し。アトランティスやムー文明。レムリア、エジプト、メソポタミア文明などなど。

多くの宇宙の人たちがこの地球にやってきては数々の文明を花開かせ、消えていきました。それでも地球は毎日毎日自転しつつ太陽さんの回りを公転し、広大な宇宙の空間を漂い続けています。そんな地球で毎日些細な事柄に心を悩ませ、ストレスを溜めては病気になり、案外苦痛な人生の繰り返し。これは〝籠の中のトリ〟状態になっている自分たちに気づいていないからです。でも宇宙の法則を知れば、いや教わっていれば、もっと賢い生き方、単純明快な人生を快活に送ることができます。

つまり数学でいえば、方程式を教わっていれば解ける問題も、方程式を知らなければ何日考えても答えが出せないのと同じです。間もなくこの〝籠〟が取り外されます。すると外（地球以外、三次元以外）の世界が待っています。できればその新しい世界を早く知りたいですよね。

知りターイ！　知りターイ！　♪後ろの正面だ～れ？　なのか知りターイ！

そう！　私たちプレアール人（プレアデス星人）は、いまは大勢やってきていますよ。数十万機ものビームシップを積んだ大型母船で。気が気じゃないんです、みなさんを見ていると。試験の直前まで勉強をしていない学生さんみたいで。

この地球の環境がとても高い波動の方向へ変化しているのがわかりますよね……？　自然界の光の密度がどんどん高まっているのを感じますよね……？　この光の密度の上昇に乗り遅れると体調不良や精神不安定、さらには病名のついた疾患になっていきます。

その異常を発生させない方法は自分自身の光の密度を高めることです。チャクラやオーラの光を強く高めることです。ライトボディ化すること。これがアセンションのはじまりです。これからこのアセンションが加速しはじめます。

このスタートで出遅れないように。

マーくんからのメッセージ

いまが地球の分岐点でーす!

やわやま解説

いま、この地球は案外ピンチです。

いくつか具体的には、核のこと、原発のこと、金融のこと、医療のこと、政治のこと、自然界のこと、人間たちのことなど、段階的に状況と対策が必要です。

しかし事前に混乱させることも得策ではありません。

たとえば政治。文明国と自己評価している国のいまの政治家たちは、国のため、国民のためといいながら、自分のために地位や財を得て保身しています。しかし本人が死ねば何も利用できません。

たとえば宗教。教祖や教団側の役員は、信者さんたちの理解できない〝神〟を愚拝させ、挙げ句の果ては核シェルターを建設しています。でも、もし核戦争が勃発してこの地上が廃墟になったとき、自分たちだけが生き残って、核シェルターの中からモグラのように地上にはい上がっても、そこには住むことのできない荒野があるだけです。

たとえば教育。いまの学歴社会では多くがエリート校卒、大企業職責で、果ては自殺をしたり事件を起こしたりしています。取締役が取り締まられ役になって、報道陣の前で頭を下げています。これでは何のための教育か疑問です。

たとえば医療。医者はこの社会の中でも重要な職業の位置を与えられています。医者は人の命を救う……とても立派に表されていますが、病気になった本人の学びを気づかせないまま治療に取り組んで、みずから誇りを感じ、生き甲斐を得ています。ほんとうに本人の魂の成長に役立つ医療行為の成果を教える医学部がないのかもしれません。

人間たちが賢くなるか、いつまでも未熟であるかの分岐点です。とくに日本を除くアジアの人たちのこころの成長、魂の成長がいちばん問題です。一人ひとりが自分で気づき、魂を成長させるほかに答はありません。

マーくんからのメッセージ

アセンションは地球人の責任でーす！

地球ができた！　地球を発見した！　宇宙のマルコポーロはだれ？

やわやま解説

昔むかしの大昔、創世記の地球に生命体は存在していませんでした。宇宙には無数の星々があって、そのなかにリラちゃん星（琴座）が誕生しました。そのリラちゃんに生命が誕生し成長し、数が増えて広大無辺な宇宙空間へ、リラちゃん星人がビューンビューンと飛び出していきました。紀元前二三万年ごろのお話です。

そしてあるとき、ベガちゃんという星にたどり着きました。そこで一部のリラちゃん星人たちの子孫が繁栄し、ベガちゃん星人になりました。さらにそのベガちゃん星人たちはまたまた宇宙へ飛び出していって、今度はヒアちゃん星（ヒアデス）やオリちゃん星（オリオン星）やプレちゃん星（プレアデス星団）にたどり着きました。その人たちはそれぞれの星で生活し、その星の人になりました。

さらにそれぞれの星の人たちはまた宇宙に飛び出してさまざまな星へと移り住むようになりました。そしてこのチーちゃんという星（地球）を見つけ移り住むようになりました。これがいまの私たち地球人です。だからいまの地球人たちはさまざまな宇宙を旅してきているのです。さまざまな星々から降りてきて集合しているのです。地球は宇宙人種のるつぼ、いろいろな人種が集まったニューヨークのような星なのです。私たちが小学校の理科で習った「ダーウィンの進化説」は真っ赤っかなウソなのです。

このメッセージを読んでいる方々は、プレちゃん星からきている方々が多いですね。タイゲタという名の星から。そのプレちゃん星からきている人々をはじめ、その他のシリウス星やアペックス星やルシファー星やオリオン星、ゼータレティクル星などの星々から飛んできた人々もいます。ナスカの地上絵図やインカ帝国の痕跡、イースター島のモアイ像、マチュピチュの空中都市などはその名残りです。

また、私たちのように地表に住んでいるだけではありません。アビス（海底）に住んでいる人たち、シャンバラ（地底・地球の内部）に住んでいる人たちもいます。だから地球はマンションみたいですね。さまざまな人種が共存しているのです。

そして間もなく迎えるアセンション。できるかどうかは、私たち地球人の責任です。しかし、いまの地球人、とくに国々や社会など、さまざまなところで権力をもっていても、それは何の役にも立ちません。アセンションはまず自分の意識がアセンションしなければはじまりません。権力にしがみついている人や、権力をもちたいと望んでいる人たちは、とても意識の次元が低いからです。

アセンションできる人々は、アセンションし得る意識・魂・身体をもっていないと不可能なのです。

なので、アセンションとは環境が変わるのではなく、自分の意識が変わることからスタートします。自分の意識を高波動に変えた人たちの集合意識が、地球や宇宙を変えるのです。

マーくんからのメッセージ

未開国、発展途上国、先進国って？

やわやま解説

あなたがたは自分の国を「先進国」と呼んでいますね。未開国、発展途上国、先進国。でも宇宙から見ると地球全体が未開国です。そもそも宇宙を知らないのですから。

いま、やっと物理的に宇宙へ出はじめましたが、ほかの星に生物の生息を確認できていません。他の星の地表の砂や石を勝手に拾ってもち帰っていますが、ほとんどの星には星内（シャンバラ）で生活している人々や生物が多々存在しています。地表はとても危険です。あなたがたのように地表に住んでいると阻石の被害が発生します。なので、星の表面の砂や石をもち帰っても、宇宙は理解できません。それよりも私たちにアクセスするか、アカシックレコードにアクセスをして答を得るほうが宇宙の多くの状況が理解できます。

私たちやアカシックレコードにアクセスする方法は、あなたがたのハートのチャクラが通路になっています。地上のどこにいてもあなたがたのハートのチャクラが通路の窓口です。ハートのチャクラを通路の窓口としてオーラを充実形勢させ、エーテル体・アストラル体・コーザル体が完成すると、ノーヴァテーラ（新たな地球）にもアクセスできます。

高波動の光や音を活用してチャクラやオーラをパワーアップしてください。

そして、早く私たちの存在に気づいてください。素晴らしいアセンションへの共同作業を開始しましょう。

私たちが見るお月さま（左）とノーヴァテーラ（右）。

マーくんからのメッセージ

やあやあみなさん！　メディテーションはしていますか？
朝陽を拝んでいますか？
朝陽と夕陽のエネルギーの違いを感じてみましょう。
晴れの日と雨の日の違いを感じてみましょう。
南風と北風の違いを感じてみましょう。
満月の夜と新月の夜の違いを感じてみましょう。
人間以外の生き物はみんな理解していますよ。
二〇年前の自然環境と一〇年前の自然環境の違いを感じてください。
一〇年前の自然環境といまの自然環境の違いを感じてください。
いまと一〇年後の自然環境の違いを感じてください。
三次元と四次元、そして五次元の違いを感じてみてください。
夜空を見上げてください。そしてボクらの星を捜してください。
見えますよ。ボクらのプレアデス星団を。
一〇年後のあなたは何処に居ますか？　何をしていますか？

感じてみましょう！
地球にいるとは限りませんよ！

シャーマニック・セラピー

シャーマニック・セラピーとは……

シャーマニックとは霊的なもののことを意味します。生きている人や動物の魂、また旅立って霊界へ移った霊などに対して語りかけたり、エネルギーを送りその霊を慰めたり癒しを与えることとです。部族の祭りなどでは、シャーマンが豊穣《ほうじょう》を祈ったり冠婚葬祭の儀式を執り行うこともシャーマニックです。

現代の文明国ではこうした目には見えない霊的なものに対する行事は見受けられなくなりましたが、観光としては多くの地方で執り行われています。私が好きなのはバリ島のケチャです。男性だけの詠唱と踊りによって、神への祈りや部族の安全や平和を祈願する行事です。

シャーマニック・セラピーとは、霊的なものに対し、エネルギーを整えたり癒したりして病気の回復や厄除けを執り行います。古来より病気や災難は現世だけではなく霊界のエネルギーも関与していることが理解できていたためです。

私も、セラピーのお仕事を続けていく過程で、霊的なものが原因で疾患したクライアントさんの対応を次第に経験するようになりました。しかし、霊的なものに対処する方法はなかなか参考資料がなく、宇宙存在のマーくんから処方のアドバイスをいただきながら進め、次第に目に見えない霊的な感覚を理解しはじめ、執り行うことができるようになりました。

世間には霊能者と名乗る方々がいますが、彼らは一般的に除霊作業を行います。しかし除霊作業では、霊は一時的に憑依した本人から離れますが、またすぐに戻ってきたり、他の人に憑依してしまいます。ですから、除霊ではなく浄霊が必要なのです。そして、その霊を清めることが大切です。これは、とても根気のいる作業です。

浄霊作業をすることで霊は清められ、穏やかになってくれます。しかし、浄霊した霊に守護霊になっていただくには、さらに昇霊作業が必要です。昇霊とは、三四三段階ある霊界の、その霊にふさわしい霊段へと昇華していただくことです。するとその守護霊は指導霊界の担当の指導霊からの力も享受でき、このふさわしい霊段にポジションアップすることで、本来の守護霊としてのサポートの光を現界の人に降ろすことができるようになるのです。まずは憑依霊を本人から乖離《かいり》させることです。さらに昇霊させることができると現世の方の運勢をも好転してきます。

これが本来のシャーマニック・セラピーの手法です。

具体的に、シャーマニック・セラピーとはどういうものか、を体験された方からいただいた便りをご紹介しましょう。

お便り

空き室が契約できました!

茨城県　ビル経営　女性

拝啓立春の候、やわやま先生におかれましては益々ご清栄のこととお喜び申し上げます。いつもお世話になりありがとうございます。

昨年一〇月から一二月に光の遠隔エネルギーを送っていただいた、医療ビル二〇二号室の契約が決まりました。平成一七年に竣工してから空室のまま一二年の歳月が流れました。

これまで何年にもわたり、たびたび募集広告を掲載しました。部屋を見にこられた方もいましたが、最後になって別の物件を選ばれたり、同業が入居しているなどの理由で決まりませんでした。また関係者からは狭いので希望者が現れないのだといわれました。

長年空室だと、なにかとおかしな噂もたつようになっていました。そこで、この土地の磁場調整をしたり、部屋の浄化や波動をアップするグッズを置いたり、ヒーリングCDをかけ続けたり先祖供養をしたりもしました。それでも決まりませんでした。

そこで昨年一〇月、やわやま先生に光の遠隔エネルギーをお願いし、三か月目が終了したその朝に「本日終了しました。これで大丈夫です」と、先生からメールで連絡がありました。するとその日の午後に不動産会社から眼科の先生が二〇二号室を見に行きたいといっている、との連絡が入りました。それからはトントン拍子に話が進み、二月に契約、一〇月に入居開業が決まりました。もうビックリ！　ウッソみたい！　感謝、感激、感動！　改めてやわやま先生に対して敬服の念でいっぱいです。先生にお願いするまでは、ありとあらゆる手を尽くしたと思っていました。しかし、先生に遠隔リサーチをしていただいた答は、「建物内に入居している他の方のご先祖さまのエネルギーが邪魔をしているので、その霊人の昇霊を完成させれば他の部屋や建物全体の波動がアップして、入居者が現れますよ」との説明がありました。そんな原因があるとは夢にも思いませんでした。あー、何ということ、これでは何年待っても決まらないはずでした。

さらに二月一日に、二〇一号室の歯医者さんが退去するとの連絡が入り、七月末での退去が決まりました。

二〇二号室に契約された眼科の先生はもともともっと広い部屋を希望されていましたが、はじめての土地にはじめての開業ということもあり、この狭めのスペースに決めたそうです。院長室は取れず、待合室も患者さんで溢れてしまいそう。奥様の内科・小児科も一緒に開業できればと思って、「隣の二〇一号室も借りられたらいいのにね」と冗談で話していたそうです。そんなことで、二〇一号室も同時に借りる方向で検討されています。二〇一の解約も正に「神業」、スゴイ！　ベスト・タイミングでした。どんどん良い方向へ動いています。

いままでも、やわやま先生の光の遠隔エネルギーによって、夫が不明熱で衰弱していたときに命を助けていただき、父の手術の成功と、術後の奇跡的な回復、そして熱中症で死にそうだった犬のクロちゃんも助けていただき、今回は一二年間も空室だったテナントがようやく決まり、大変助かりました。心より感謝いたしております。ほんとうにありがとうございました。

また、マークんのメッセージややわやま先生のお話しはほんとうに心に響き、季刊通信『輝素だより』は毎回楽しみで、私自身の意識が広がり生きかたも変わりました。パワーマンのシールや先生の撮られた写真を家の中に貼ってラッキーを呼び込んでいます。

先生のさらなるご活躍をお祈り申し上げます。

実家の土地が売れました

関東　女性

やわやま様

いつもお世話になっております。この度は光の遠隔エネルギーをありがとうございました。

売却についてお願いしておりました実家の土地が、希望の額で売れました！

不動産会社の方には、「この土地はいくつか問題があり、売りにくい土地だ」、といわれておりましたので、こんなに早くしかもまったく値下げすることなく売れるとは思っていませんでした！　ほんとうにホッといたしました。この土地を私に残してくれた両親もあの世でさぞや喜んでくれていることと思います。やわやま様に光のエネルギーを送っていただいたからこそと思い、心より感謝しております。思い切って相談してよかったです。今後もいろいろとよろしくお願いいたします。

嬉しいご報告をいたします

東京都　主婦

こんにちは、いつも大変お世話になっております。

日増しに暑くなって参りました。先生、今月の三日から嬉しい変化が見られるようになりました。リウマチの痺れや痛みも、慢性疲労感も少しラクになってきました。また、私が参加している手話サークルの会場があるビルの臭いがいつも強烈で困っていましたが、昨夜はその臭いが消えていました。地下鉄に乗るととても気になっていた悪臭も、ちょっとだけ軽く感じられました。わーい！　超ウレシイです。

引き続き光の遠隔エネルギーを宜しくお願いいたします。

やわやま解説

このクライアントさんは、人生の中で三つの大きな疾患を体験し、いまに引き継いでおられましたので、リサーチをさせていただきました。まず最初に、体調を崩した時期を調べさせていただいた結果、その疾患が発生する三年前に亡くなられた祖父の霊が関与しておられることがわかり、その霊の昇霊を開始して三週間後くらいから症状に変化が現れはじめました。長年、病院や霊能力者、お寺などに通われたそうですが、一向に解決しなかったのがようやく回復の兆しが見られてとても喜ばれています。

この、臭いという感覚器官の症状は、身体的な疾患ではなく、ご本人のオーラと憑依霊との不調和による周波数の乱れによるものです。よってこの場合は、憑依霊の浄化と霊界への昇霊などの処置法が必要です。

「光の遠隔セラピー」のエネルギーは、ご本人の疾患部分だけに送るケース、身体全体に送るケース、身体とオーラ修復も含めて送るケース、さらには守護霊さんやご先祖さまへ送るケースなど、状況に応じて対応しています。また、お住まいやオフィスなど、環境の場のエネルギー浄化が必要な場合には、地場や空間へ送信することもあります。

ご仏壇とご先祖様の霊

あるお母さんからお嬢さんの身体的症状の回復をご依頼いただき、しばらくの間、五色光透波を送信したのですが、なかなか症状が改善されません。

そこでさらに詳しく過去の経緯を伺っていくうちに、最近ご仏壇を手放されたことがわかり、そのご仏壇を大切にされていた一人のご先祖さまが原因とわかりました。そのご先祖さまに昇霊の光エネルギーを送信すると、お嬢さんの症状は急速に改善しました。

あまりにも症状が辛いときに病院で精密検査を受けられたのですが、検査の結果はこれといった原因や異常は見当たらない、とのことだったそうです。

これは、ご先祖さまが生前に購入し大切にしていたご仏壇を手放されたことと、それをきっかけにご先祖一同の現世の方々への思いが強まって、お嬢さんに憑依されていたケースです。このような場合には、症状が発生している方に治療や自然療法を施しても解決しません。霊界の透視と浄化が根本原因の解決につながっているのです。これをマーくんは「病の原因の霊的な関与」といっています。

病気の原因の一つに憑依《ひょうい》があります。ご先祖さまや自縛霊が取り憑いて、その人のオーラを歪め、身体の生理機能を乱します。その場合は憑依霊を浄霊することからはじめなければなりません。浄霊を第一に行わないと、いくらオーラ修復や身体へヒーリングエネルギーを送っても目に見えた結果は得られません。浄霊が完結すると、体調はスッキリし、良好な健康体に戻りはじめます。

アセンション指数を高める「光の遠隔、昇霊エネルギー」

私が行っている「光の遠隔・昇霊エネルギー」は大きく分けて次の三例です。

○ 霊界へ移られるまでの生前の魂と身体の浄化。
身体は、薬による毒素溜まりを排出し、細胞のクリアリングをします。
魂は、人生全般で溜め込んだカルマをクリアリングします。

○ 「四十九日《しじゅうくにち》」では、引き続き魂にしみ込んだ汚れをクリアリングし、できるだけ透明に近い状態に戻します。

○ 死後の魂の行き場所は霊質によって自動的に配置され、大きく分けて七段階、細かくわけると三四三段階の霊段のスペースに分けられます。

本来はその魂さんのご生前の学習の状態で、ふさわしい霊段に納まるものなのですが、案外予定よりも低い場所で停滞しているケースを多々見受けられます。原因は旅立つ直前のカルマの堆積と「四十九日」の過ごし方です。

そのような場合、光の遠隔・昇霊エネルギーで霊界のふさわしい居住空間へ昇霊をさせていただいています。

ご先祖さまは現界で生活している私たちの守護的な働きをします。その働きが霊段の次元の高さによって輝力の差があります。

アセンションには現界の私たちと霊界の霊人さんたちとの双方の関連で結果が現れ

ます。霊界にいらっしゃる霊人さんたちもアセンションを望んでいるのです。

Q&A シャーマニック・セラピーをお願いしたいのですが……？

Q 私の母は、もう数年前に他界しましたが、いまからでも光の遠隔・霊界レベルリサーチを受けることはできますか？　そして母の魂の浄化と霊段を上げることは可能ですか？

A はい、いまからでもお母さんの魂のクリアリングは可能です。そして霊段を上げることも可能です。二か月ほどかかりますが、きちんとお母さんの魂にふさわしい霊段へポジションを上げることができます。そして輝きを増してポジションを上げられれば、高くクリアな位置から守護霊としてのサポートの光をしっかりと享受することができて、あなたの運勢や健康状態も向上していきます。

エピローグ

私の行っているセラピーの体験者の方々から、これまでご紹介したような数々のお便りをいただいています。それらは私にとって大変励みになる大切な宝物です。

そして次に、素晴らしい、ラッキーな体験と幸せを享受できるのは、この本を読んでいるあなたかもしれません。

この本の終わりに、大変興味深く、また、幸福な人生の糧となるお問い合わせをご紹介しておきましょう。

お便り

UFOに出会いました

長野県　男性　自営

『直感力の大活用』（日新報道刊）を読んだある人から電話がありました。

本を読んだ翌日にUFOに出会ったようです。その後、部屋に宇宙人が現れて「UFOに乗りませんか?」と誘われたそうです。

私も嬉しくなりこの本を紹介した幸せに浸っています。

やわやま解説

渡辺大起先生は著書『オイカイワタチ』（オイカイワタチ出版会刊）の序文で、「その日、その時、地球を覆う程に膨大な宇宙船と空飛ぶ円盤が訪れる。地球の人類同胞は、決して慌てたり恐れたりする必要はない。

彼ら宇宙船と宇宙人は地球を攻撃しにきたのではない。限りない愛と援助の手を差し伸べにきたのである……」と金星からのメッセージを紹介しています。

この序文からはじまる『オイカイワタチ』全五巻は、人類の目覚めを促しています。

これは田原澄氏の『宇宙学』上・中・下（ザ・コスモロジー刊）、ジョージ・アダムスキー氏の『宇宙哲学』（たま出版刊）ほかや、オスカー・マゴッチ氏の『深宇宙探訪記』全三巻刊（加速学園出版部刊）などでも共通する人類の目覚めと地球人と異星人との協力による宇宙全体の進化を説いています。これからは異星人と出会ったりメッセージをいただいたり、写真を撮ったら写っていたりする方々が増えてくることでしょう。

　でも、まだまだ信じない方々が多いので、お相手との状況を判断しながら打ち明け話をしてください。

　それから、これからは「ＵＦＯ」と呼ぶことはやめましょう。「ＵＦＯ＝unidentified flying object（未確認飛行物体）」という表現は、米国のＮＡＳＡ《ナサ》の作語で、文明国の国民たちに向けて宇宙存在を否定するものです。宇宙存在を〝確認〟した私たちは、「宇宙船」もしくは「ベル（クリスタル・ベル）」、宇宙人ではなく「異星人」もしくは「友だち」と呼びましょう。

Q&A

宇宙船を見ましたが？

東京都　主婦

Q 前略いつもいろいろ教えていただきありがとうございます。

わが家は都内にあるマンションの十二階に住んでおります。東南の角部屋です。ベランダに面したところを寝室にしております。そのベランダに出る側の出入口にカーテンはなく、昼も夜も空を見ながら暮らしております。

一〇月二六日早朝ふと目を覚ますと、ベランダいっぱいに夕陽の色、つまり赤い色でベランダが染まっていました。そして植木が大きく揺れていました。

随分風が強いなあと思いながら床の中で一、二分見ていました。その夕陽のような赤い色が消えると、植木は何事もなかったようにまっすぐ立っていました。

時計を見ますと午前四時ごろでした。風が強いのに風の音はなく、日ごろはその時間に目を覚ますことはないのに、これも不思議だと思いました。赤い色が出たときに見に行けばよかったと、いまは残念です。これはいったい何でしょうか？

A お便りありがとうございます。大変面白い現象ですね。答からいうとそれは宇宙船です。かなり近くまで、恐らく一〇メートルくらいまで接近してきたと考えられます。きっと何かを伝えにきたのでしょう。

最近このような現象は増えています。これからは枕元にカメラを用意してください。また、その植木の成長もよくなっているはずです。現在の丈を計って一か月後にもう一度計ってみてください。きっと著しく成長していると思いますよ。

宇宙船はたびたびくると考えられますから、外出のときは必ずカメラを持参してください。デジカメでもスマホでも何でも構いません。相手（宇宙存在）がすべてをセッティングして写ってくれますから。お楽しみに！「デカケルトキハ、ワスレズニ！」ですね。古いCMフレーズでゴメンナサイ‼（笑）

やわやま解説

いま私たちには、宇宙存在から色々なアプローチがはじまっています。私たちが彼らに気づくように。ちょうど異性からのアプローチのような感じです。ハッキリとはいってきません。でもチョクチョクとアプローチをしてきます。だから、何かちょっとでもヘンだなと感じたら「これっていったい何だろう?」と思ってみてください。それは確かに常識では考えられないものです。でも常識外の現象が実際にこの三次元に発生します。彼らは五次元以上の現象を起こしますから。ポイントはカメラをいつももっていることです。

私がチューニングさせていただいたカメラで、みなさんどんどん現実外の現象を撮りはじめていいます。いままでの常識外、現実外のことが起こっていることを、あたりまえのことと考えていれば、彼らは好んでやってきます。どこかのＩＴ企業のオーナーのように、お金をため込んで宇宙旅行を計画しなくても、宇宙の友（プレアデス星人等）にお願いすれば、もうすぐ宇宙旅行が安全に簡単にできるようになりますよ。

お便り

宇宙からきて、仕事を終え宇宙に帰る

東北　女性

やわやま先生お元気ですか？

先日は『輝素だより』をありがとうございました。

東北地方では田植えも終わり、田んぼが鏡のようになり、お空の雲が田んぼの表面に写し出されて美しいです。私のお庭もマーガレット、シラン、百合などの花々が咲いて毎朝眺めるのが楽しいです。自然はほんとうに心が和みます。ホッ

といたします。

あの大きな震災から時が流れ、少しずつ落ち着きを取り戻しはじめた人たち‼︎私もその一人ですが、いまここに至ってあのときもっと人々のために手を差し延べることがあったのではないだろうか？ と思います。

助け合い、分け合い、声掛け合い、過ごせたのは一生の思い出となりますので「これで良し」としてもいいのかも知れませんね。

『輝素だより』にありました（谷村新司の）『昴』、いいですね。

私は驚きました。私の一番好きな曲でしたので。

自分一人でできなかったことも、必ずだれかが引き継ぎ、成し遂げてくれるだろうと信じている姿が感動的です。

これは（この歌は）日々の生活ではなくて宇宙的存在さんたちからのメッセージではないかと、はじめて聞いたときに感動で涙が止まりませんでした。そしてそのことを仕事しているときなどに置き換え、自分のやっていることを、必ずだれかが理解して続けてくれることが信じられるからこそ、頑張ることもできる‼︎そんな私の応援歌です。

とってもスケールの大きなドラマのような曲ですよね。

――宇宙からきて、地球での仕事を終え宇宙に帰る、そんな気のする曲です。人々が一人でも多く幸せと感じて欲しいと願っております。

Q&A

神社参り

Q やわやまさんは神社参りをされますか？　されるとしたらどんな神社にお参りされますか？

A はい、私はあまり、みなさんのように神社詣でには熱心でありません。近くの八幡様へは年に数回参拝します。お参りは感謝と無心です。

無心のお参りは、私が中学生のころから続けています。あまりお願いごとはしません。手を合わせて無心になるだけです。とくに戦いの勇士の祭ってある神社へは行きません。

また、最近はパワースポットといわれている神社は避けています。エネルギーが乱れきってしまっているからです。

最近クライアントさんからのご相談で、体調を崩された原因をリサーチすると、パワースポットに行ったことが原因である場合が多々見受けられます。スピリチュアルの雑多な情報に惑わされずに、ご自身をクリアにする方法をお勧めします。

それはメディテーション（瞑想）です。こまめに心掛けてください。

Q&A

宗教がピンとこないので……！（電話カウンセリングでのご質問）

Q 私は数年前からかなり大きな宗教に入っているのですが、最近何となくなんですがピンとこなくなってしまったんです。これはどういうことなのでしょうか？

A ご質問ありがとうございます。大変良いご質問ありがとうございます。いまあなたのような感覚をもちはじめている方がとても増えています。実は、そのピンとこなくなったことは、とても素晴らしいことなのです。この本の一六一ページと次ページに掲載のイラストで説明していますが、これからは自分のハートの中心と創造主がダイレクトにつながりますので、いままでの宗教、教祖、組織などは一切不要な時代に転換してしまいます。みなさんが宗教に依存している理由は、まだ自分

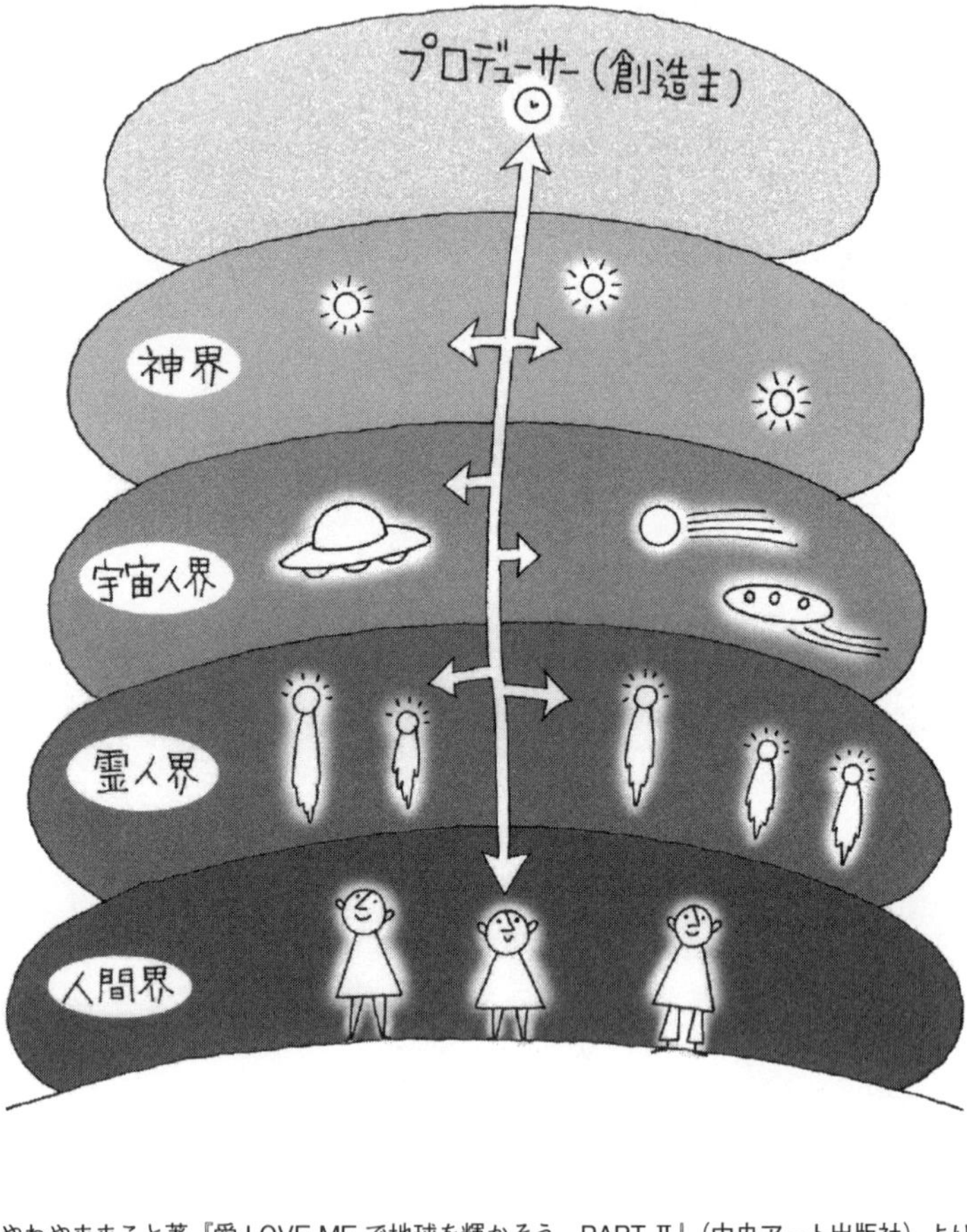

やわやままこと著『愛 LOVE ME で地球を輝かそう　PART Ⅱ』（中央アート出版社）より。

自身を信じきれないからかもしれません。それに、宗教団体はそれぞれの都合に合わせて教典を解釈していますから、それに惑わされていることも考えられます。

もちろん過去には、人間を上回る能力者が地上に降りてある程度活躍した時代もありました。しかし、その後の状況はその宗教の継承者たちが自分たちの都合のいいように利用し、本来の道から大きく外れてしまっています。

幻想に惑わされず、ご自身のもつ神とつながる箇所を感じられるようになれば、いつどこにいても大安心で、ハッピー！　パッピー！　ピー！　と楽しく暮らせるようになりますよ。

Q　私は普段、憎しみの気もちが多く、なかなか感謝の気もちが生まれません。どのようにすれば感謝の気もちをもてるようになりますか？

A　はい、なかなか難しいことです。感謝、ありがとうございます、いただきます、ご馳走さま。
たとえば一冊の本を図書館で読んで、とても勉強になったとしましょう。するとその人は本の著者に感謝をします。大切なことを教えていただけて感謝をします。

しかし、この本が自分の手元にあるということは、図書館のスタッフさんや出版社の方々の仕事がありました。さらに、制作に関わった印刷会社や倉庫会社や運送会社の方々、紙を作った製紙会社のみなさん。紙を作るための木材を育てるなどなど。何万の人々、何十万の守護霊さん、何百万のご先祖さま、何億の神々。それぞれの方々のご両親とその守護霊のみなさん。ご先祖のみなさん。仕事に携わる人々が、日々エネルギーを燃やし働くための食事の材料を生産する農業や漁業に就かれているみなさん。

こうして、一冊の書物が完成するまでに関わった方々は、何十万人、何百万人といらっしゃいます。

また、人以外にも、パルプの原料の木材を成長させる土壌の栄養や野生動物さんや昆虫さんたち、雨や太陽の光のエネルギーさんたちも協力してくださっています。

そのおかげさま集団の結晶が、その一冊の本で、読者の手元に膨大な方々のエネルギーとともに存在するのです。そうしてはじめて、本の内容が学べるのです。

それらすべての働きにありがとうございました、と思えるようになってはじめて、ほんとうの感謝になります。

いまの自分が体験しているすべてのことに、失敗も含めて体験させていただけたすべてに、ありがたさを感じることからはじめましょう。

Q&A

「やわやま」の名前の意味は？

Q やわやまさんのお名前の意味は？　とても不思議なお名前に感じるのですが……？

A 一九九九年に『直感力を鍛える！』（オーエス出版刊）という、最初の本を出版したとき、本名よりもヒーリングにふさわしいペンネームを作りたいと思いました。そんなとき直感でフッと浮かんだのが「ヤワヤマ」という名前です。しかし、ヤワヤマにあてる漢字が浮かんでこなかったのです。

漢字が浮かばないのならば、平仮名か片仮名でと思い、柔らかいイメージの平仮名を選び、名前は本名をそのまま平仮名で「やわやままこと」としました。以来この「やわやままこと」がとてもしっくりきています。

しかし私を知ってはじめて呼ぶときには、発音しにくいと感じる方がときどきいらっしゃいます。ゴメンナサイ！

このペンネームを使いはじめて数年後、以前読んだ『ひふみ神示』を再読していると、第一巻第二六帖に次のように記されていました。

「あ」の身魂とは天地のまことの一つの掛替ない身魂ぞ、「や」とはその左の身魂「わ」とは右の身魂ぞ、「や」には替へ身魂㋳あるぞ、「わ」には替へ身魂㋻あるぞ、「あ」も「や」も「わ」も㋳も㋻も一つのものぞ。みたま引いた神かかる臣民を集めるから急いで呉れるなよ、いまにわかるから、それまで見てゐて呉れよ。

（『ひふみ神示』太陽出版刊）

つまりみなさんが「やわやまさん」と発音する事で、みなさんの魂が磨かれるということです。そしてこのお仕事は、慌て急ぐ必要はないということなのです。

やわやまの「ま」は○で世界や宇宙のことです。まことの「こと」はエネルギーや働きのことです。

なので、このオーラネーム（宇宙名）は、直感で降りてきた名前なのです。

デザート（あとがき）

本書のタイトル『ハートいっぱいいっぱいのセラピー』はマーくんからのメッセージです。しかし、マーくんからのメッセージはセラピーに限ったことだけではありません。科学のこと、文化、芸術、音楽、生活、人々の進化、地球の発展などなど。実に幅広く、しかし、それらを私たちが理解できる範囲内で教えてくださいます。

たとえばニコラ・テスラという科学者がいました。

かの代表的な発明家トーマス・エジソンより先を行って、現代の科学的文化や軍事をも理解し考案していたそうです。しかし、時代や政治が彼の発明をうまく受け入れられなかったために、人々の間では大きな評価や存在を認めていないのが現状です。地動説がローマカソリックを動かせなかった時代のように。

人間の理解と時代の折り合いによって文明は発展し、人類は進化します。このハートいっぱいいっぱいのセラピーも先進国と自負している国の文化や政治の範囲を越えることはないでしょう。でも未来には必ず存在しています。未来を見渡せる目を養えれば……。

二〇一七年　宇宙からサンタさんが降りてくる季節に

やわやままこと

■著者プロフィール

やわやま　まこと

シャーマニック・セラピスト。

スポーツ指導から、直感力、氣の力、テレパシー力を追求しセラピーの道へ入る。

病気の原因を、身体的、精神的、霊的な原因に分け、「光の遠隔セラピー」で全国の依頼者に対応。またペットへの遠隔セラピーも行っている。

電話カウンセリング、電話チャクラバランスチェックも実施中。

著書　『直感力の大活用』（日新報道社）他多数。

〔音響療術〕
クリスタル・ボウルの音響を個人向けのCDとして製作・販売。ストレスやトラウマ解消の調律を行っている。電話エネルギーリサーチを実施中。

〔高次元フォトグラファー〕
1995年より、宇宙船、スターゲート、光の柱、アストラル体の太陽など多次元の撮影を始める。
写真集『ともだち』（ジュピター出版）、『方舟』（地湧社）。

お問い合わせ◉ KISS GARDEN
〒180－0003　東京都武蔵野市吉祥寺南町3－16－15
電話 090（3512）5332
mail　kiss567@ezweb.ne.jp
URL　http://kiss-garden.com/
やわやままこと.jp

■写真――――やわやま　まこと
■カバーイラスト――Myrra
■本文イラスト――大羽りゑ

奇跡《きせき》が起《お》きた
ハート いっぱいいっぱいの セラピー

2017年12月4日　初版第1刷

著　者――――やわやま まこと
発行者――――坂本桂一
発行所――――現代書林
〒162－0053　東京都新宿区原町3－61　桂ビル
TEL／代表 03（3205）8384
振替 00140－7－42905
http://www.gendaishorin.co.jp/
編集協力――――GALLAP
装　幀――――六月舎＋守谷義明

印刷・製本　（株）シナノパブリッシングプレス
乱丁・落丁本はお取り替えいたします。
定価はカバーに表示してあります。

ISBN 978-4-7745-1673-8　C 0011